Der Irrthum als Nichtigkeitsgrund

im Entwurfe eines bürgerlichen Gesetzbuches für das Deutsche Reich.

Ein Gutachten

von

Dr. Rudolf Leonhard,
o. ö. Professor der Rechtswissenschaft.

(Besonderer Abdruck aus den Verhandlungen des XX. Deutschen Juristentages.)

Berlin.
Verlag von J. Guttentag
(D. Collin).
1889.

Vorwort.

Das unten abgedruckte Gutachten konnte nach seinem Gegenstande es nicht gänzlich vermeiden nebenbei der Vertheidigung einer älteren Schrift zu dienen. So mußte seinem Verfasser eine besondere Veröffentlichung außerhalb er Juristentagsverhandlungen erwünscht sein.

Daß dieser Wunsch erfüllt wird, verdankt er als eine ausnahmsweise Vergünstigung der gütigen Erlaubniß des Herrn Geheimen Justizraths Professor Dr. Eck, des Schriftführers des Deutschen Juristentages, und dem freundlichen Entgegenkommen der Verlagsbuchhandlung.

Hierfür öffentlichen Dank zu sagen ist ihm Bedürfniß.

Marburg, Juli 1889.

Leonhard.

Inhaltsübersicht.

Seite

Vorschlag 1

§ 1. Vorwort 1

Erster Abschnitt. Der Werth der allgemeinen Irrthumslehre des Entwurfs.

Cap. I. Der Plan der Abschätzung.

§ 2. I. Fragestellung 2

§ 3. II. Die Prüfungsmaßstäbe 15

Cap. II. Die Abschätzung des Entwurfs.

I. Prüfung des Entwurfs nach den Quellen (geschichtliche Prüfung) 18

a) Die römischen Rechtsquellen (philologische Prüfung) 18

b) Prüfung des Entwurfs nach den allgemeinen Geschichtsquellen (kulturgeschichtliche Prüfung) 29

II. Prüfung der inneren Widerspruchslosigkeit des Entwurfs (philosophische Prüfung) 31

§ 6. a) Prüfung nach den Denkgesetzen (logische Prüfung) 31

§ 7. b) Prüfung des Entwurfs nach den Gesetzen menschlichen Handelns (psychologische Prüfung) 36

III. Durchführbarkeit des Entwurfs (praktische Prüfung) 41

§ 8. a) Der Werth des Entwurfs für die Rechtspflege (Prüfung der gerichtlichen Brauchbarkeit) 41

§ 9. b) Der Werth des Entwurfs für die einzelnen Rechtsgenossen (Prüfung der Volksthümlichkeit) 50

§ 10. c) Der Werth des Entwurfs für den Rechtsunterricht (Prüfung der Lehrkraft) 54

IV. Prüfung der Gemeinnützigkeit der Entwurfsbestimmungen (legislativ-politische Prüfung) 57

§ 11. a) Der volkswirthschaftliche Standpunkt (nationalökonomische Prüfung) 57

§ 12. b) Rückwirkung auf das äußere Staatswohl (politische Prüfung) 59

V. Die ethische Seite der Frage (sittliche Prüfung) 60

§ 13. a) Der Grundsatz der Zuverlässigkeit der Versprechen 60

§ 14. b) Das Gebot des Mitleids mit dem Irrenden (ein richtiger Kern der angefochtenen Lehre) 65

Seite

Cap. III. Seitenblick auf einzelne Sonderbestimmungen des Entwurfs über Irrthum.

§ 15. I. Im Vermögensrecht 67
§ 16. II. Im Familienrecht 70
§ 17. III. Im Erbrecht 74

Cap. IV. Gegenvorschläge.

§ 18. I. Bereits veröffentlichte Gegenvorschläge 76
§ 19. II. Versuch eines eigenen Gegenvorschlags 80

Zweiter Abschnitt. Begründung der vorgeschlagenen Herstellung einer Gesetzbuchslücke.

Cap. I. Zulässigkeit von Gesetzbuchlücken.

I. Der erforderliche Gesetzbuchsinhalt 82
§ 20. a) Die Veranlassung der Gesetze 82
b) Ziele und Mittel der Gesetzgebung 86
§ 21. α) Die Gesetzgebungsziele 86
§ 22. β) Die Gesetzgebungsmittel 90
§ 23. II. Der Zweck der Gesetzgebungslücken 92

Cap. II. Anwendung der gefundenen Grundsätze auf den Entwurf.

§ 24. I. Auf die Irrthumslehre 93
§ 25. II. Der Werth des Entwurfs im Ganzen 95

Empfiehlt sich die Beibehaltung der Vorschriften, welche der Entwurf des bürgerlichen Gesetzbuchs im Allgemeinen Theil (§§ 98—102) über den Irrthum bei Willenserklärungen aufstellt?

Es wird beantragt, der hohe Juristentag wolle beschließen:

daß die allgemeinen Grundsätze über die rechtliche Behandlung des Irrthums bei Rechtsgeschäften der wissenschaftlichen Feststellung nicht durch Gesetzesvorschriften entzogen werden sollen.

Die gestellte Frage wird also verneint.

Vorwort.

§ 1.

Nach zwei Seiten muß des Verfassers Vorbemerkung eine Pflicht erfüllen. Sowohl wissenschaftlichen Mitkämpfern als auch dem Leser muß er über dasjenige, was er plant, Rede stehen.

Dem kleineren Kreise will er sich zuerst zuwenden. Dringende Nebengeschäfte hemmten die Entwickelung dieses Gutachtens zu dem vollen Umfange, welchen sein Gegenstand verdiente. Es gefährdet somit allerdings eine gute Sache, indem es sie nicht mit gehöriger Vollständigkeit vertheidigt und zahlreichen (nicht durchweg ablehnenden) Erwiderungen auf des Verfassers Schrift über die gemeinrechtliche Irrthumslehre [1]) die erforderliche Berücksichtigung wenigstens hier schuldig bleibt. Doch war dieses Verfahren das kleinere Uebel gegenüber dem Anscheine einer

[1]) Der Irrthum bei nichtigen Verträgen nach römischem Rechte. Ein Beitrag zur Vereinfachung der Vertragslehre. 2 Theile. Berlin 1882, 1883. Da die folgenden Ausführungen des Verfassers vielfach auf dieser Vorarbeit fußen, so sieht er sich genöthigt, sie öfters anzuziehen, um Wiederholungen zu vermeiden.

Fahnenflucht, auch gewährt es immerhin den Vortheil, dem Leser die Rolle eines Unparteiischen in wissenschaftlichen Zweikämpfen zu ersparen, welche ihm vielleicht nicht zusagt. So bittet denn der Verfasser, sein Schweigen über die Entgegnungen Anderer nicht als Rathlosigkeit und auch nicht als Rücksichtslosigkeit zu deuten. Mit dem gesprochenen Worte und mit der Feder hofft er das hier Versäumte bei mehr als einer Gelegenheit nachholen zu können.

Eine einleitende Auskunft über den Plan des Gutachtens darf der Leser erwarten. Der Vorschlag, welcher gemacht ist, bekundet lediglich eine Zerstörungsabsicht. In ein lückenreiches Werk will der Verfasser eine fernere Bresche schießen lassen. Ob dies nicht zu viel des Guten ist, muß fraglich erscheinen.

Zu jeder Bresche gehört nicht bloß ein Vernichtungswerk, sondern auch das Ausbleiben eines Ersatzes, der die Lücke füllt. So muß denn hier in zwei Abschnitten geprüft werden, was an den beurtheilten Stücken des Entwurfes beseitigenswerth ist, und warum nach einem Fortfall der Platz gänzlich leer bleiben soll.

Zum Schlusse des Gutachtens will der Verfasser den unfreundlichen Eindruck, welchen seine Beurtheilung durch ihren verneinenden Kern machen muß, abschwächen, indem er ein Gesammturtheil über den Entwurf anhängt, welches dahin gehen soll, daß dieser weit besser ist als sein Ruf. Die besondere Prüfung der Irrthumslehre soll zu diesem allgemeinen Schlußworte die Bausteine allmählich zusammentragen.

Erster Abschnitt.

Der Werth der allgemeinen Irrthumslehre des Entwurfs.

Capitel 1. Der Plan der Abschätzung.

I. Fragestellung.

§ 2.

Mit den allgemeinen Vorschriften über den Irrthum bei Willenserklärungen will der Entwurf einen Streit schlichten.

Welches ist der Inhalt dieses Streits?

Ueber einen Punkt sind alle Parteien einig. Mit ihm wollen wir beginnen.

Nicht alle Irrthümer, welche einen Geschäftsschluß nach sich ziehen, haben gleiche Bedeutung, nicht alle sind Nichtigkeitsgründe.

Darum gab man denjenigen Irrthümern, welche es sind, einen besonderen Namen. Man nannte sie „wesentliche"; allein der Ausdruck ist vieldeutig. Wenn etwas wesentlich sein soll, so drängt sich die Frage auf: „Für wen und zu welchem Zwecke?"

Besser ist es daher, dies Wort zu vermeiden und die Irrthümer, welche Nichtigkeitsgründe sind, „geschäftshindernde" oder „gültigkeitshindernde" zu nennen.

Nun fragt sich: woran erkennt man, ob ein bestimmter Irrthum geschäftshindernd ist? An seinem Inhalte oder an seiner Bedeutung für die irrende Partei?

Die beiden älteren Hauptansichten lehrten, daß es auf den Inhalt des Irrthums ankommt, d. h. daß Irrthümer über bestimmte Dinge Nichtigkeitsgründe sind und über andere nicht.

Die eine ältere Ansicht ist zwar völlig verworfen, spukt aber immer noch in den Köpfen Einzelner.[2])

Sie beruht auf einer Verwechselung der „wesentlichen" Irrthümer mit den „wesentlichen" Geschäftsbestandtheilen, zweier verschiedener Dinge. Wenn der Irrthum ein essentiale negotii betrifft, dann soll er, so lehrte man, Nichtigkeitsgrund sein, andernfalls nicht.

Hier sind offenbar zwei Fragen verwechselt: 1. Was verlangt die Rechtsordnung, 2. was verlangt die Partei, damit ein Vertrag gelten soll? So nennt man z. B. die Einfügung eines Bedingungssatzes accidentale negotii, weil die Rechtsordnung sie nicht verlangt, obwohl sie für denjenigen, der sie vornimmt, hochwichtig, und ein Irrthum über diesen Punkt nicht gleichgültig ist.[3])

Eine zweite ältere Ansicht bestimmt denjenigen Inhalt des Irrthums, nach dem es sich entscheiden soll, ob er ein Nichtigkeitsgrund ist oder nicht, weit handgreiflicher. Der Irrthum soll Nichtigkeitsgrund sein, sobald über 1. die Person, 2. die Sache, 3. die Geschäftsart, 4. gewisse (zweifelhafte) Eigenschaften geirrt wird.

Die Entstehung dieses formalistischen Schemas erklärt sich aus der Methode der Postglossatoren.[4]) Es faßt die ganze Frage oberflächlich

---

[2]) Leonhard, der Irrthum bei n. V. Bd. II S. 552 ff.

[3]) Vgl. jedoch Hellmann, Gutachten aus dem Anwaltstande über die erste Lesung des Entwurfs S. 500.

[4]) Leonhard, der Irrthum S. 550 ff.

und äußerlich auf.[5]) Man versuche, sich einen Gesetzgeber vorzustellen, der alles Ernstes darauf ein Gewicht legt, ob dasjenige, worüber geirrt wird, zufälliger Weise eine Person, Sache oder Geschäftsart ist, und denke sich irgend einen vernünftigen Zweck, welchen er dabei gehabt haben könnte! Dieser Denkversuch wird sicherlich mißlingen. Zitelmann hat daher mit Recht hervorgehoben, daß unter Umständen der Irrthum über Ort und Zeit mindestens ebenso wichtig sein kann, wie derjenige über die Person und die Sache.[6])

Die ganze altehrwürdige Scala ist darum unbrauchbar, weil sie anerkannter Weise in der Praxis nur zum Scheine gilt und niemals in die Lehrbücher gekommen sein würde, wenn die Gelehrten aus den Stellen des corpus juris civilis eine andere und bessere Irrthumslehre hätten folgern können. Daß sie nicht ernstlich gehandhabt wird, ist zweifellos. Wo es dem Irrenden gleichgültig ist, mit welcher Person er den Vertrag schließt (so z. B. bei der überwältigenden Mehrheit der Kaufgeschäfte), da fällt es keinem Praktiker ein, den Irrthum über die Person als wesentlich zu betrachten.[7]) Wo ferner eine bestimmte fungible Sache gekauft ist, der Verkäufer aber stillschweigend das Recht erhält, statt ihrer eine gleichartige zu liefern, wird Niemand eine Verwechselung der verkauften Sache mit ihres Gleichen für erheblich ansehen. Der Irrthum über die Geschäftsart wird freilich — von ganz merkwürdigen Fällen abgesehen — schwerlich gleichgültig sein. Doch ist dies nicht undenkbar. Wer z. B. für Geld oder für Waaren, welche er auf Lager hat, dem Nachbarn ein Haus abkaufen will und also wahlweise einen Kauf oder Tausch anbietet, wird nicht unter allen Umständen einen Irrthum als Nichtigkeitsgrund hervorkehren dürfen, wenn er etwa nachher auf Wunsch des Nachbars eine Tauschurkunde unterschreibt, während er glaubt, daß das Schriftstück den angebotenen Kauf enthält; mindestens ist dieser Punkt nicht zweifellos.[8])

Die Ansicht von den vier oder drei Classen wesentlichen Irrthums ist also unbrauchbar, aber sie ist wenigstens harmlos. Sie gewährt keinen Nutzen, vermag aber auch nicht Schaden zu stiften. Da Manche

---

[5]) Es liegt auch dem preußischen Landrechte zu Grunde § 75—82 I, 4.

[6]) Zitelmann, Irrthum und Rechtsgeschäft S. 491 und 496. Zustimmend Eck im Rechtslexicon der Holtzendorff'schen Encyclopädie 3. Auflage Bd. II S. 400 und Windscheid, Pand. 6. Aufl. I § 76 A. 9.

[7]) Vgl. Seuffert's Archiv III No. 165, 169, IV 225.

[8]) Vgl. hierzu Leonhard, Bd. II S. 473 ff. und Graf Piniński, der Thatbestand des Sachbesitzerwerbs, Leipzig 1888. Bd. II S. 472 ff.

an ihre Nützlichkeit glauben, so würde dies allenfalls den Umstand rechtfertigen, daß ein kleiner Ueberrest von ihr in § 94 des Entwurfs aufgenommen ist:

> „Im Zweifel" (der Richter kann also im einzelnen Falle anders urtheilen) „ist anzunehmen, die Willenserklärung würde nicht abgegeben sein, wenn ein Rechtsgeschäft anderer Art, die Beziehung des Rechtsgeschäftes auf einen anderen Gegenstand oder die Wirksamkeit des Rechtsgeschäfts unter andern Personen beabsichtigt wurde."

Dieser Satz kann also nur die Folge haben, daß die Lehrvorträge und die Gedächtnisse mit etwas Ueberflüssigem belastet werden. Allein diese kleine Last würde immerhin noch zu den vielen andern getragen werden können als Zeichen der Hochachtung vor dem ehrwürdigen Alter dieser absterbenden Theorie und als erwünschte Veranlassung für den Rechtslehrer zu einem belehrenden Rückblick auf die juristische Methode früherer Zeiten.

Daß dieses altehrwürdige Register (error in persona, re, negotio, substantia) einer allgemeinen Ergänzung bedarf, dürfte wohl so ziemlich unbestritten sein.[9]) Man will daneben einen weitergreifenden Maßstab haben, neben dem die alte Scala nur als eine Art Stütze bestehen bleiben soll.[10])

Einen solchen allgemeinen Maßstab hat die Naturrechtsschule vorgeschlagen.[11]) Ihr verdankt die Irrthumslehre einen Umschwung, der in dem Satze gipfelt:

> Nicht der Inhalt einer Vorstellung entscheidet darüber, ob ihre Irrigkeit Nichtigkeitsgrund ist, sondern ihre Bedeutung für die irrende Partei.

Der Gedanke enthielt einen Fortschritt, aber auch eine Uebertreibung. Man vergaß, daß zu dem Vertrage zwei Parteien gehören, daß die eine also ihre Wünsche nur unter Berücksichtigung der andern vordrängen darf. Den Fesseln der alten Lehre entsprach als Gegenschlag die Zügellosigkeit der neuen.

Aus ihr ist die Ansicht herausgewachsen, welche ihre neueren Vertreter „Willensdogma" nennen. Unter diesem feierlichen Namen hat sie

---

[9]) Vgl. jedoch jetzt auch Hellmann a. a. O. S. 500.

[10]) Vgl. Dernburg, Pandekten I § 102. 2. Aufl. S. 233 A. 4.

[11]) Leonhard a. a. O. S. 555 und hierzu weitere Beweisstücke bei Hartmann, Archiv f. civ. Pr. Bd. 72 S. 218 ff.

in die Motive (Bd. I S. 189) ihren Einzug gehalten. Dabei ist die nicht unbeträchtliche Zahl derjenigen Schriftsteller, welche diese Lehre bestreiten, gänzlich unbeachtet geblieben. Ein „Dogma" ist freilich mehr, als eine bloße Meinung, es ist ein Lehrsatz, der nicht angezweifelt werden darf, und da jeder Gelehrte seinen Ansichten eine solche Unanfechtbarkeit von Herzen wünscht, so ist es begreiflich, daß sich neuerdings die Dogmen auf dem Rechtsgebiete zu mehren beginnen; im Hypothekenrechte findet sich sogar ein „Mecklenburger Dogma". [12])

Das Willensdogma lautet in Kürze: „Keine ungewollte Geschäftsfolge."

Wo es Dogmen giebt, da pflegen auch die Ketzer nicht auszubleiben. So auch bei dem Willensdogma. Diese ex cathedra verkündete Lehre wird alles Ernstes seit einer Reihe von Jahren von vielen Seiten angefochten. Unbekümmert um die Bannstrahlen, welche aus dem Schooße der herrschenden Meinung wider sie ergehen, unbekümmert um die überlegene Stellung, welche der herrschenden Lehre durch ihren Besitzstand gewährt wird, erheben die Zweifler immer wieder ihre Stimme, und ihre Hoffnung, schließlich doch einmal durchzudringen, ist durch ihre Nichtbeachtung in den Motiven des Entwurfs nicht geknickt worden. [13])

Alle diese Gegner haben einen gemeinsamen Grundgedanken:

Vertragserklärungen sollen zuverlässig sein, und als Folge hiervon:

Niemand soll durch die unerwartete Hervorkehrung eines Willensmangels seines Vertragsgenossen enttäuscht werden können!

Leider zersplittern sich die vom Willensdogma Abtrünnigen wieder in Secten, von deren allzu eingehender Schilderung abgesehen werden muß.

---

[12]) Bähr, Kritische V.-J.-Schr., Bd. 30 (1889) S. 522.

[13]) Vgl. die bei Leonhard, der Irrthum u. s. w. S. 9 Anm 6 angeführten, und neuerdings denselben, Archiv f. civ. Praxis Bd. 72 S. 42 ff., Hartmann, Archiv f. civ. Praxis Bd. 72 S. 161 ff., Bd 73 S. 329 ff., Bähr, Krit. V.-J.-Schr. Bd. 30 S. 334 ff. In gewissem Sinne gehört hierher auch das beachtenswerthe Werk: „Der Thatbestand des Sachbesitzerwerbs nach gemeinem Recht" von Dr. Leo Grafen Piniński, 2 Bde. Leipzig, Duncker & Humblot 1885, 1888, besonders Bd. II S. 251—260, welcher jedoch nur in der allgemeinen Rechtsgeschäftslehre, nicht aber in der Irrthumslehre dem Grundgedanken des herrschenden Willensdogmas unbedingt entgegentritt. Zur Würdigung der überaus gediegenen Schrift sei auf das Urtheil v. Jherings hingewiesen, welcher in seinem neucsten Werke (Der Besitzwille, Jena 1889, Vorrede S. XV) Anlaß nimmt, es mit besonderer Anerkennung zu erwähnen. Auch Bechmann, Der Kauf nach gemeinem Recht. Zweiter Theil. Erlangen, Deichert 1884 S. 10 ff. ist zu den Gegnern des Willensdogmas zu rechnen. Vgl. auch Werthauer, Ueber den Einfluß des Irrthums auf Verträge, Breslau, Morgenstern, 1887.

Nur eine ältere radicale Ansicht sei erwähnt, damit sie nicht etwa mit der im Folgenden vom Verfasser vertheidigten Meinung verwechselt werde.

Ihr Vertreter hat sie, insoweit sie zu weit ging, neuerdings selbst aufgegeben. [14])

Diese jetzt nicht mehr vertretene, aber mit der richtigen Ansicht oft verwechselte Meinung stellte das Willensdogma geradezu auf den Kopf. Wenn dieses lehrt: „Keine ungewollte Geschäftsfolge", so lehrte sie: „Es giebt Geschäftsfolgen ohne Erklärungshandlung". Sie stellte sich nämlich auf den Standpunkt einer maßlosen Fürsorge für den Erklärungsempfänger, während die Vertreter des Willensdogmas den Erklärungsabsender rückhaltlos in ihr Herz einschließen. Wenn also z. B. ein Telegramm, das eine Geschäftserklärung in sich schließt, entstellt worden ist („Kaufen Sie" statt „Verkaufen Sie") [15]), und der gutgläubige Empfänger dadurch in Unkosten geräth, die dem Absender unerwünscht sind, so wendet sich das Willensdogma, wo es unbeschränkt auftritt, als Schutzengel dem Absender zu und bewahrt ihn wenigstens grundsätzlich vor jedem Schaden, [16]) Bähr aber läßt die gleiche liebevolle Fürsorge dem Empfänger des Telegramms angedeihen. Keine der beiden Parteien duldet, daß man ihrem Schützlinge ein Haar krümmt, während sie dessen Vertragsgenossen auf dem Altare der Rechtsordnung erbarmungslos zu opfern bereit ist.

Daß von diesen beiden schroffen Standpunkten (hie Wille, hie Erklärung) der erstere gänzlich undurchführbar ist, haben seine eigenen Vertreter längst eingesehen. [17])

So hat sie denn aus ihrem Schooße heraus neben sich und der Erklärungstheorie eine dritte Theorie erzeugt, die sich nur zum Scheine

---

[14]) Bähr, Dogm. Jahrb. Bd. 14 S. 393 ff., vgl. jetzt kritische Vierteljahrsschrift Bd. 30 S. 338. Nach diesen neuesten Vorschlägen Bähr's soll die Erklärung den Urheber nur dann binden, „wenn er sie in einer ihm zuzurechnenden Weise abgegeben hat". Sonach hat Bähr seine früheren Ausführungen in richtiger Weise eingeschränkt (vgl. Leonhard a. a. O. Bd. 1 S. 129 ff.).

[15]) Bähr, Krit. V.-J.-Schr. Bd. 30 S. 335, vgl. Seuffert's Archiv Bd. 30 Nr. 116.

[16]) So auch der Entwurf § 101.

[17]) Unhaltbar ist freilich die Bemerkung Unger's, daß auch die Willenstheorie auf den Erklärungsempfänger Rücksicht nehmen will (Grünhut's Zeitschrift für das Privat- und öffentl. Recht der Gegenw. Bd. 15 1888 S. 678). Nicht die Willenstheorie thut dies, sondern ihre Vertreter bequemen sich dazu im Widerspruche mit dieser Theorie, um ihrer Meinung die praktische Anwendbarkeit zu erhalten.

selbst zur Willenstheorie rechnet, in Wahrheit aber von ihr abweicht. Man könnte sie die Vermittelungstheorie nennen, weil sie die praktische Hauptconsequenz der feindlichen Erklärungstheorie zugesteht, nämlich die Pflicht, für das gegebene Wort einzustehen.[18]) Sie treibt die Gesetzgebung dahin, einen ähnlichen Zwiespalt einzuführen, wie er in Rom zwischen jus civile und jus praetorium bestand. Wenn z. B. Jemand seinen Rechtsanwalt befragt: „Ist mein Versprechen nichtig, das ich aus einem Irrthum über die Sache abgegeben habe, dessen Bedeutsamkeit meinem Vertragsgenossen nicht erkennbar war?“ so müßte der Befragte nach dieser Lehre antworten: „Ja, es ist nichtig, aber Sie haften dennoch auf volle Entschädigung. Ihre Nichtigkeitseinrede beruht auf einem nudum jus Quiritium, sie ist ein Messer ohne Klinge, dem der Stiel fehlt.“

Dieser Rechtsdualismus zwischen Theorie und Praxis beruht offenbar darauf, daß seine Schöpfer fühlen, eine unhaltbare Lehre zu vertreten, und dies wenigstens „im Princip“ nicht zugeben wollen. Sie wünschen Unvereinbares, denn sie gehen einerseits mit klingendem Spiele in das Lager der Gegner hinüber und wollen andrerseits doch den Ruhm behalten, der alten Fahne treu geblieben zu sein. Sie verleugnen das Willensdogma in seiner wichtigsten Bethätigung und bekennen sich doch als seine Vertreter.[19])

Diese Vermittelungstheorie zerfällt wieder in eine opferfreudige Richtung und in eine vorsichtige. Jene gewährt dem „vorwurfsfrei Getäuschten“ volle Entschädigung.[20]) So streckt sie denn den wissenschaftlichen Gegnern, welche für die Erklärungs- oder Vertrauenstheorie streiten, die Hand zur Versöhnung weit entgegen und bietet eine runde Summe, ohne von ihr etwas abzuhandeln. Die vorsichtigere Richtung dagegen reicht den Feinden kaum den kleinen Finger hin, in der erkennbaren und durchaus richtigen Befürchtung, daß sie die ganze Hand haben wollen. Auch sie will Zugeständnisse machen, aber sie so verclausuliren, daß man ihnen anmerkt, wie ungern sie gewährt werden. Darum schwächt sie ihr Entgegenkommen durch allerhand Beschränkungen ab. Diese vorsichtige Vermittelungstheorie ist vom Entwurfe aufgenommen worden, was ihm neuerdings den Vorwurf zugezogen hat, daß seine Verfasser in

---

[18]) Vgl. namentlich Eisele, Jahrb. für Dogm. Bd. 25 S. 415 ff., Unger a. a. O. Bd. 15 S. 673 ff.

[19]) Vgl. auch Leonhard, der Irrthum Bd. I S. 121 Anm. 1.

[20]) S. Unger a. a. O. S. 682.

der Irrthumslehre den König Salomon zum Vorbilde genommen haben,[21]) ein Tadel, der vielleicht Manchem als ein Lob erscheinen wird. Da Vorsicht die Mutter der Weisheit ist, so paßt der weise Herrscher in der That recht gut dazu, um diese Stelle des Entwurfs zu kennzeichnen.

In der älteren Gestalt war freilich Bähr's eigene Theorie über den Verdacht schwächlicher Zugeständnisse nur allzu sehr erhaben. Er legte damals alles Gewicht allein auf die Erklärung, welche dem Adressaten wirklich zukommt; man hätte seine Lehre die „Ankunftstheorie" nennen können, da ihr der ankommende Geschäftsinhalt allein entscheidend war, mochte er abgesandt sein oder nicht. Sie ging daher so weit, Grundsätze des Wechselrechts zu verallgemeinern und auch im gewöhnlichen Geschäftsverkehre Schriftstücke für verbindlich zu halten, welche von ihrem Verfasser noch nicht abgeschickt worden und trotzdem durch einen Zufall oder ein Verbrechen in das Wahrnehmungsgebiet des unschuldigen Erklärungsanwärters hineingerathen waren.[22]) Wie schon erwähnt wurde, hat Bähr diesen Gedanken jetzt fallen gelassen.[23])

Damit nähert er sich der Mittelstraße, welche der Verfasser für die goldene hält und in Anlehnung an ältere Autoritäten in seiner Irrthumslehre vertreten hat. Diese steht mit einem Fuße noch auf dem Boden des „Dogmas", indem sie lehrt: „Ohne bewußte Erklärungshandlung keine Geschäftsfolge". Briefe, die ich nicht abgesandt habe, können mich hiernach ebenso wenig verpflichten, wie solche, die an eine falsche Adresse abgegeben worden sind. In andrer Hinsicht lehnt aber auch diese Ansicht sich wider das „Dogma" auf, insofern auch sie mit Bähr lehrt: „Unbedingte Gültigkeit des dem Erklärungsempfänger erkennbar gewordenen Willensinhalts".

Hiernach giebt es Geschäftsfolgen nicht ohne gewollte Erklärungshandlung, wohl aber ohne gewollten Erklärungsinhalt.

Anders der Entwurf § 98:

„Beruht der Mangel der Uebereinstimmung des wirklichen Willens mit dem erklärten Willen auf einem Irrthume des Urhebers, so ist die Willenserklärung nichtig, wenn anzunehmen ist, daß der Urheber bei Kenntniß der Sachlage die Willenserklärung nicht abgegeben haben würde".[24])

---

[21]) Krit. V.-J.-Schr. Bd. 30 S. 335.

[22]) Vgl. Bähr, dogm. Jahrb. Bd. 14 S. 413 ff.

[23]) Vgl. hierzu jetzt auch Graf Piniński Bd. II S. 61.

[24]) In dieser scharfen Betonung der persönlichen Wünsche des Irrenden, welche dieser vor dem Vertragsabschlusse hatte, nähert sich der Entwurf ganz besonders dem

Nach des Verfassers Meinung müßte die zweite gesperrte Hälfte dieses Satzes etwa lauten:

„wenn entweder der Irrende in erkennbarer Weise bei dem Abschlusse des Geschäfts bestimmt hat, daß es für den Fall eines solchen Irrthums nicht verbindlich sein solle, oder eine derartige Bestimmung nach allgemeinen Grundsätzen neben dem ausdrücklich Erklärten als verkehrsüblich in Betracht kommt".

Dieser Satz wurde vom Verfasser früher kürzer also ausgedrückt:

„Eine Willenserklärung ist wegen eines Irrthums nichtig, wenn die Abwesenheit eines solchen Irrthums ausdrücklich oder stillschweigend zur Gültigkeitsbedingung gemacht ist".[25])

Denselben Gedanken kann man übrigens auch in engerer Anlehnung an die Redeweise der Quellen also fassen:

„Eine Willenserklärung ist wegen Irrthums nichtig, wenn nach der Bestimmung des Irrenden oder der Verkehrssitte für den Fall eines solchen Irrthums der Geschäftsinhalt nicht als angeordnet gelten soll" (in der Sprache der römischen Juristen „nicht gewollt ist").

Wann dies der Fall ist, das festzustellen ist Sache der richterlichen Auslegung, welche hier wie sonst nicht bloß das Ausdrückliche, sondern auch das „Selbstverständliche" als Geschäftsinhalt behandeln muß.[26])

Standpunkte Zitelmanns (Irrthum und Rechtsgeschäft,' Leipzig 1879 S. 373 ff.) und Ryck's (Festgaben für Beseler, Berlin 1885 S. 138 ff., besonders S. 135 und 142 — vgl. zu S. 142 Graf Piniński, Bd. II S. 477 Anm. 1.)

[25]) Gr. Piniński ficht diese Fassung an, (a. a. O. II S. 524 ff.) weil sie der Redeweise der Quellen nicht entspricht. Allein die Wissenschaft hat das Recht, Gedanken, die in den Quellen stehen, in eigenartige Formen einzukleiden. Man streiche aus unsern Lehrbüchern alles weg, was mehr ist als eine Uebersetzung lateinischer Worte, wie viel wird übrig bleiben? Wenn ferner Graf Piniński S. 528 fragt: „Was wird denn bei dem wesentlichen Irrthum bedingt?", so antwortet der Verf.: „die Anordnung der Geschäftsgiltigkeit", die „lex contractus" (vergl. über diese Pernice, Labeo Bd. I S. 472 ff)

[26]) Vgl. über dieses „Selbstverständliche", ein Ausdruck, der viel treffender ist, als das „stillschweigend Erklärte", Leonhard, in den Verhandlungen des 17. deutschen Juristentags S. 344 ff. Es steht fest, daß der Richter dem ausdrücklich Festgesetzten noch Bestimmungen als gültig hinzufügt, an welche die Contrahenten nicht einmal gedacht haben, sondern welche dem Verkehrsüblichen entnommen werden. (Bechmann, Kauf Bd. 2 S. 10 ff.) Die Römer nennen auch solche nicht gewollte Bestimmungen „tacite" verabredet, jedenfalls weil ein vernünftiger Mensch bei seinen Vertragsschlüssen sich ohne Weiteres dem Verkehrsüblichen unterwerfen würde,

Dieses Letztere, welches der Richter nicht bloß aus sogenannten leges subsidiariae, sondern auch aus der Verkehrssitte (Entw. § 359) folgern muß, spielt in der Irrthumslehre eine Hauptrolle. Daß Jemand ausdrücklich erklärt: „Nur wenn ich mich über diesen besonderen Punkt nicht irre, soll meine Erklärung nicht gelten", kommt selten vor. Wenn es wirklich geschieht, so zweifelt Niemand daran, daß bei dem Ausfalle der gesetzten Bedingung auch das Bedingte ungültig ist.

Wichtig wird also in der Regel der Irrthum da, wo etwas Aehnliches bloß „stillschschweigend" erklärt, d. h. als selbstverständlich hingestellt wird, ohne daß der Redende sich die Mühe nimmt, davon zu reden oder auch nur daran zu denken.

Woher nimmt der Richter überhaupt solche stillschweigende Vertragsnormen? Aus dem wirklichen Denken und Wollen der Partei sicherlich nicht. Wenn ich mir ein Glas Bier im Wirthshause bestelle, so denke ich vielleicht daran, daß ich es bezahlen will, vielleicht auch nicht, weil ich gerade andere Dinge im Kopfe habe. Bezahlen muß ich es aber jedenfalls. Woher stammt nun diese Pflicht? Ich habe ihre Begründung nicht ausgesprochen und nicht gedacht, und doch besteht sie. Man sagt, die Rechtsordnung bestimme sie. Natürlich; das hat aber noch Niemand bezweifelt. Wer uns nichts sagt, als dies, umgeht die eigentliche Hauptfrage. Es handelt sich nicht darum, ob die Rechtsordnung die stillschweigenden Geschäftsbestimmungen gelten läßt. Das hat noch Niemand bestritten. Es handelt sich vielmehr darum, wohin die Partei oder der Richter blicken müssen, um das „stillschweigend Bestimmte" oder die „naturalia negotii" im Auftrage der Rechtsordnung zu finden. Im Gesetzbuche findet er keine Antwort auf solche Fragen. Was im corpus

---

wenn er es für nöthig hielte, darüber zu reden. In diesem „würde" liegt freilich eine Fiction, und eine solche darf man heutzutage nicht in den Mund nehmen, ohne einer vorwurfsvollen Erwähnung dieser Thatsache sicher zu sein (vgl. z. B. Bechmann a. a. O. S. 20 Anm. 1). Allen solchen Vorwürfen liegt jedoch eine Verwechslung zu Grunde. (So Leonhard: In wie weit giebt es nach den Vorschriften der deutschen C.P.O. Fictionen? Berlin 1880 S. 1 ff.; vgl. auch Wach, Handbuch des d. Civilproceßrechts I § 23 S. 303.) Die Wissenschaft darf freilich nichts fingiren, aber der Gesetzgeber thut es bisweilen. Wo er es thut, gleichviel ob mit Recht oder Unrecht, da muß die Wissenschaft diese Thatsachen feststellen. Sie würde eine unerlaubte Fiction begehen, wenn sie die Fiction des Gesetzgebers einfach verschwiege. — Wer den Schriftsteller wegen der Fictionen tadelt, welche dieser als vom Gesetzgeber herrührend schildert, der gleicht einer jener reizbaren Naturen, welche den schuldlosen Ueberbringer einer unerwünschten Nachricht durch ihre Ungnade zu bestrafeu pflegen.

juris civilis steht, erschöpft nicht die Fülle des wirklichen Verkehrslebens, und die neueren Gesetzbücher, z. B. der Entwurf, sind noch viel schweigsamer. Irgendwo müssen aber doch diese stillschweigenden Zusätze zu dem Erklärten zu finden sein; sonst könnte man sie weder wissen noch beachten. Die Lösung des Räthsels liegt in dem Worte „Lebenserfahrung". Wer in's volle Menschenleben hineinblickt, in dem erzeugt der Niederschlag einer reichen Beobachtung ein Abbild desjenigen, was man „Verkehrssitte" nennt, und aus welchem sich die sogenannte „Natur des Vertrages" (§ 359) bestimmt. Diese ist daher ein der Willkür entzogenes Kriterium, d. h. eine außerhalb des Beobachters und des Vertragschließenden liegende geschichtliche Größe, welche, wie jede andere, nur durch Quellenstudium, d. h. hier durch unausgesetzte Wahrnehmung des menschlichen Zusammenlebens gewonnen werden kann.[27]) Ein Einsiedler oder ein Stubengelehrter, der seine Weisheit nur aus Büchern schöpft, ist zum praktischen Richter ebenso untauglich wie zum Ausleger der Pandekten, welche aus lauter Aufzeichnungen wirklicher Erlebnisse entstanden sind. Wer jedoch im Leben steht, kennt die Verkehrssitte ganz genau. Er weiß, was redliche Durchschnittsmenschen in ähnlicher Lage, wie diejenige eines bestimmten Vertragschließenden in dem bestimmten Augenblicke der Erklärung ist, für ihre Pflicht halten. Aus vielen Erinnerungen an einzelne Menschen, die er gesehen hat, macht er sich die Vorstellung eines Durchschnittsmenschen zurecht; hätte er jene nicht beobachtet, so würde er diesen sich nicht vorstellen können. Wenn hier wie bei allen schwierigen Wahrnehmungen derselbe Gegenstand in verschiedenen Köpfen verschiedene Spiegelbilder erzeugt, so beweist dieses nur, daß er schwer faßlich, nicht daß er gar nicht vorhanden ist. Eben darum hat man collegiale Gerichte begründet, weil sechs Augen in ihrem Vorleben mehr gesehen haben, als zwei.

Aus dem erfahrungsmäßigen Verhalten der Menschen und einem durch Nachdenken hergestellten Durchschnitte seines Inhalts wird also die Kenntniß desjenigen gewonnen, was man „Verkehrssitte" nennt, und was der Richter nicht minder durch Studium sich anzueignen verpflichtet ist als seine Gesetzbücher.

Diese Verkehrssitte bestimmt den vollen Inhalt des „stillschweigend" Gültigen. Sie bestimmt auch, wann ein Irrthum Nichtigkeitsgrund sein

---

[27]) Dernburg Bd. I § 102 A. 4 verlangt ein „objectives Kriterium" und findet es in der alten Scala: error in re, persona 2c. In der That ist dies Register offenbar nichts, als ein aus Pandektenstellen zusammengestoppeltes und stümperhaftes Portrait der Verkehrssitte.

soll und darf. Da sie erkennbar ist, so weiß der Vertragsgenosse des Irrenden, was ihm bevorsteht, sobald ihr Gebot einen solchen Nichtigkeitsgrund zuläßt. Was sie bestimmt, das wird dem ausdrücklich Erklärten zugelegt. Man nennt das „Auslegung", obwohl es eigentlich eine „Zulegung" ist. Allein der Name thut nichts zur Sache. Man betrachtet den erklärten Willen und den durch Zulegung mit ihm verbundenen Geschäftsinhalt in der Regel als ein Ganzes und nennt dies Ganze „Vertragswillen". Es ist dies eine Benennung a potiori; denn in der Regel ist dasjenige, was in dem Vertragswillen steht, auch wirklich innerlich von der Partei gewollt. Ist es nun in einem besonderen Falle ausnahmsweise nicht gewollt, so schließt dies, wie bei allen Benennungen a potiori, die Zulässigkeit des Namens auch in diesem Falle nicht aus. Der Vertragswille ist eben ein für alle Mal der aus der Erklärung erkennbare und aus der Verkehrssitte ergänzte Wille.

Daß dem Verfasser hiernach der § 98 ebenso wenig gefällt, wie die §§ 97 und 99, braucht er nicht weiter auszuführen.[28])

Mit Recht wird man es für höchst unwahrscheinlich, ja nahezu unmöglich halten, daß ein Grundgedanke der seit Jahrhunderten durchwühlten Vertragslehre zugleich neu und richtig sein kann. Eben weil dies allerdings der Fall ist, sowie um sich nicht mit fremden Federn zu schmücken, versichert der Verfasser aus aufrichtiger Ueberzeugung, daß er nicht eine neue Lehre vortragen, sondern nur eine alte, durch das „Willensdogma" verkannte wieder zu Ehren bringen will. Mit Unrecht, das ist seine unerschütterliche Meinung, berufen sich die Vertreter dieses Dogmas auf den Namen Savigny's.

Lassen wir diesen selbst reden (System Bd. III S. 258ff.):

> „Demnach darf ein Widerspruch zwischen dem Willen und der Erklärung nur angenommen werden, insofern er für den, welcher mit dem Handelnden in unmittelbare Berührung kommt, erkennbar ist oder wird."

Vertragswille im Sinne Savigny's ist also einzig und allein der dem Vertragenossen bei dem Geschäftsabschlusse erkennbar werdende Wille.

Daß Savigny hiernach das Willensdogma noch nicht verfochten hat, ist und bleibt des Verfassers Ueberzeugung.[29]) Auch daß es in der

---

[28]) Der § 97 behandelt auch den „Scherz" vom Standpunkte des Willensdogmas, vgl. Leske, der Entwurf eines b. G. f. d. D. R. und das Pr. Allgemeine Landrecht. Leipzig 1889, S. 14.

[29]) Vgl. Leonhard, Archiv f. civ. Praxis Bd. 72 S. 45 Anm. 7, gegen Windscheid, Pandekten, 6. Aufl. Bd. I. § 75 Anm. 1.

Praxis bereits allgemein herrscht,[30]) kann er auf Grund von Mittheilungen hervorragender Praktiker aus verschiedenen gemeinrechtlichen Gebieten trotz des Entwurfs noch immer nicht glauben.[31]) Ob er sich hierin irrt oder nicht, wird ja bei den mündlichen Verhandlungen des hohen Juristentages mit Sicherheit festgestellt werden können.

Die Lehre, welche er mit Anderen und nach dem Vorgange Anderer dem „Willensdogma“ entgegensetzt, möchte er die „Zuverlässigkeitslehre“ nennen, weil sie das Ziel vor Augen hat, daß alle Erklärungen im Verkehre für ihre Empfänger zuverlässig sein sollen. Gewöhnlich nennt man sie die „Erklärungstheorie“. Sie ist kein „Dogma“, will es auch nicht sein. Sie stützt sich lediglich auf Ergebnisse der Beobachtung und der Erfahrung und will auch nur nach ihnen beurtheilt werden.

In zwei Punkten gewährt sie einen handgreiflichen Vorzug vor dem „Willensdogma“:

1. Sie schützt Vertragschließende gegen Enttäuschungen.

   In dieser Hinsicht sind wenigstens ihre Ergebnisse von denjenigen angenommen worden, welche oben als Vertreter der „opferfreudigen Vermittelungstheorie“ erwähnt wurden.[32])

2. Sie gewährt zur Unterscheidung der Irrthümer, welche Nichtigkeitsgründe sind, einen Maßstab, der in der Außenwelt liegt, nämlich die Erklärung des Irrenden und die sie ergänzende Verkehrssitte.[33])

---

[30]) Dagegen Leonhard, der Irrthum I S. 10 A. 3.

[31]) Näheres vgl. unten § 8.

[32]) Namentlich von Unger a. a. O. S. 682.

[33]) Wenn Unger bei Grünhut Bd. 15 S. 673 Anm. 2 behauptet, daß auch die Willenstheorie „nicht auf den Willen allein, sondern auf den erklärten Willen das Gewicht legt“, so mag das richtig sein, insoweit es sich um die Frage handelt: „Wann kommt ein irrthumsloser Vertrag zu Stande?“ Sobald aber die Frage auftaucht: „Wonach bestimmt man, ob ein Irrthum ein Nichtigkeitsgrund ist?“ so ist das Gegentheil richtig. Dann legt nämlich die Willenstheorie nicht auf den erklärten Willen „das Gewicht“, sondern auf den Willen allein, d. h. auf die innere unerklärt gebliebene Absicht, von der man wahrhaftig nicht mit Unger a. a. O. sagen kann, daß sie mit dem von ihr abweichenden erklärten Willen „eine untrennbare Einheit“ bildet und sich zu ihm verhält wie die Seele zum Leibe. Seele und Leib bestehen gleichzeitig in einander; innere Absicht und der erkennbare Erklärungsgedanke entstehen hinter einander in verschiedenen Zeitpunkten. Wer sie als eins auffaßt, läßt zwei hinter einander vorüberziehende Wahrnehmungsgegenstände in einer undeutlichen Beobachtung zu einem einzigen verschwimmen. Er verwechselt selbst da, wo der innere Wille und der erklärte Wille in ihrem Inhalte übereinstimmen, Identität und Congruenz. Wenn eine Sängerin in einem Concerte ein

Die Zugeständnisse der herrschenden Lehre im ersten Punkte („Keine Enttäuschung des Vertragsgenossen") würden also niemals genügen, um auch im zweiten Punkte (Abgrenzung des geschäftshindernden Irrthums) die Erklärungs- oder Zuverlässigkeitstheorie zu ersetzen.

Die Hauptfrage lautet also:

„Liegt das Erkennungsmerkmal des Irrthums, welcher Nichtigkeitsgrund ist, drinnen in der Beschaffenheit der irrenden Seele vor dem Vertragsschlusse, oder liegt es draußen in dem äußeren Verhalten des Irrenden bei der Erklärung, sowie in der Verkehrssitte, welche diese erläutert und ergänzt?

Man kann die Frage auch so stellen:

„Ist die Irrthumsfrage eine bloße Auslegungssache oder eine psychologische Frage? Müssen wir bei ihrer Entscheidung in das volle Menschenleben hineingreifen oder in das secretum alienae voluntatis?[34])

Ehe wir diese Frage beantworten, müssen wir noch ein Hinderniß überwinden. Es ist streitig, aus welchen Gesichtspunkten überhaupt solche Dinge entschieden werden müssen. Diese Vorfrage soll demnächst erledigt werden.

II. Die Prüfungsmaßstäbe.

§ 3.

Gewöhnlich unterscheidet man Gesetzgebungsfragen (de lege ferenda) und Auslegungsfragen (de lege lata). Es giebt daher Juristen, welche glauben, daß man von der Sache abschweift, sofern man ein neues Recht prüfen soll und dabei von dem alten redet.

Der Verfasser ist nunmehr schon zum fünften Male in der Lage, einen von dieser Anschauung abweichenden Standpunkt vor dem hohen Juristentage zu vertreten, hält es aber dennoch in unserer neuerungslustigen Zeit nicht für überflüssig, ihn nochmals kurz zu begründen.

Die Frage nach der Gemeinnützigkeit eines Gesetzesvorschlages steht der richtigen Meinung nach in zweiter Linie. Zuerst muß stets geprüft

---

Lied da capo singt, so wird wohl Niemand behaupten wollen, daß sie es nur einmal vorgetragen hat, weil ihre beiden Leistungen in ihrem Inhalte übereinstimmten. Man kann dann auch nicht behaupten, daß sich die beiden gleichen Gesänge durchdrungen haben, wie Leib und Seele, wie dies Unger in dem entsprechenden Fall thut, wenn der Contrahent sein Lied erst für sich leise singt und dann dem anderen laut vorträgt.

[34]) L. 71 (70) dig. de her. inst. 28, 5.

werden, ob nicht das bisherige Recht erhalten werden kann. Jede Aenderung ist ein Sprung in das Dunkle, ihre Folgen gehen über den Gesichtskreis des weitschauendsten Staatsmannes hinaus, und der Satz: „quieta non movere“ darf nur da eine Ausnahme erleiden, wo ein zweifelloses Neuerungsbedürfniß vorliegt.

Es folgt dies aus der Beschaffenheit des Staats. Was die Einzelnen zum Gemeinwesen eint, ist das Bewußtsein der Vorgeschichte des Vaterlandes, zu welcher dessen Recht mit gehört. Wer an diesem Kitte, der die Masse eint, unnöthiger Weise rüttelt, erschüttert die Rechts- und die Geschichtskenntnisse des Volkes und mit ihnen dessen inneren Zusammenhang mit dem Ueberlieferten und die Zuverlässigkeit seiner Vaterlandsliebe.

Ehe wir daher prüfen, ob hier oder sonst von der bisher herrschenden Meinung abgegangen werden soll, muß stets zunächst gefragt werden:

„Ist es nicht möglich, am altbewährten Rechte festzuhalten?“ [35])

Wer solche Frage unterläßt, bekundet m. E. eine große Unkenntniß der Grundbedingungen des Gemeinwohls. Ueberall, wo die bloße Möglichkeit einer nützlichen Aenderung genügt, um diese zu veranlassen, da treibt eine fieberhafte Entwickelung den Staat bald zum Verfalle.

Auch in dieser Hinsicht verdient der Entwurf mehr Lob, als er gefunden hat. Fast nur in untergeordneten Dingen (namentlich im Eherechtsgebiete) hat er sich von der Neuerungssucht fortreißen lassen und den menschlichen Einzelverstand für höher erachtet, als jahrhundertelange Erfahrungen. In allen Hauptpunkten ist er aber namentlich viel vorsichtiger, als es seiner Zeit das preußische Landrecht war, und hat sich daher fast überall an Erfahrungen angelehnt.

So erklärt es sich auch, wenn er sich in der allgemeinen Irrthumslehre der Ansicht des in der Praxis ohne allen Zweifel und aus gutem Grunde bei Weitem einflußreichsten Juristen angeschlossen hat. [36])

Wenn des Verfassers Wünsche trotzdem von dem Inhalte des Entwurfes abweichen, so geschieht dies nicht aus einem Triebe zu leichtfertigem Widerspruche wider eine Ansicht, welche er früher selbst gelernt, als Richter angewandt und als Schriftsteller wie als Lehrer Jahre lang

---

[35]) Vgl. auch Unger in Grünhut's Zeitschrift Bd. 16 S. 687 Anm. 39.

[36]) Vgl. mit dem Entwurfe die Ausführungen Windscheid's im Arch. f. civ. Pr. Bd. 63 S. 72 ff.

verfochten hat, sondern auf Grund fast zehnjähriger, niemals ausgesetzter Quellenstudien in dem Gebiete der Irrthumslehre.

Die herrschende Meinung, welche der Entwurf angenommen hat, ist keine althergebrachte, altbewährte. Die ganze Irrthumslehre ist überhaupt seit Jahrhunderten zweifelhaft und gleicht somit einer alten, niemals geheilten Wunde.[37]) Hier kann von bewährten Grundsätzen nicht die Rede sein. Aber auch aus einem andern Grunde ist dies nicht der Fall.

Windscheid selbst, der einflußreichste Vertreter der in den Entwurf eingedrungenen Lehre, dessen gewichtige Stimme nur schwer durch Beweisführungen aufgewogen werden kann, vertrat sie früher nicht. Er lehrte:

„Jeder Contrahent hat ein Recht auf die Erklärung des andern Contrahenten in demjenigen Sinne, in welchem er sie auffassen mußte.“[38])

Wer also zu der älteren Ansicht des Führers der herrschenden Meinung zurückstrebt, ist sicherlich kein Neuerer, welcher wider das Alte ohne Noth zu Felde zieht.

Der Grundsatz, das neue Recht unter allen Umständen so viel wie möglich an das ältere anzulehnen, kann uns somit nicht daran hindern, die Richtigkeit und Angemessenheit der Vorschläge des Entwurfes, namentlich aber auch die Richtigkeit des sog. Willensdogmas, zu prüfen.

Wir wollen in diesem ersten Abschnitte diese Lehre daraufhin betrachten, ob sie überhaupt im bisherigen gemeinen Rechte gilt. Die Frage, ob sie noch ferner gelten soll, wird sich hierbei von selbst ergeben.

Man streitet bekanntlich in neuerer Zeit mehr als früher über die juristische Methode. Manche vertreten eine geschichtliche (quellenmäßige) Richtung, andere eine exact-philosophische, eine dritte Gruppe eine rein praktische, eine vierte eine legislativpolitische, einzelne sogar eine ethische.

M. E. ist jede dieser Richtungen, einseitig angewandt, unzureichend oder sogar verfehlt. Die einzig angemessene Arbeitsart dürfte vielmehr darin bestehen, daß alle diese Gesichtspunkte in jeder einzelnen Frage im Nothfalle zu Wort kommen müssen, und zwar nach einer ganz bestimmten Reihenfolge. Zunächst muß die Quellengrundlage gelegt werden (exegetisch-historische Vorarbeit Kap. 2, Ia.), sonst schwebt alles Uebrige in der Luft.

---

[37]) Vgl. Leonhard Bd. II S. 539—583.

[38]) Pandekten I § 84 Note 11 in der 4. und den früheren Auflagen. Anders in der 5. und 6; vgl. hierzu Leonhard, der Irrthum u. s. w. I S. 9.

Sodann muß das aus den Quellen entnommene Ergebniß daraufhin geprüft werden, ob es überhaupt logisch und psychologisch denkbar ist; denn, was undenkbar ist, das können auch die Verfasser der Quellentexte nicht gedacht haben. Dann muß die praktische Durchführbarkeit des Gefundenen geprüft werden; denn, was nicht verwirklicht werden kann, kann auch nicht anbefohlen sein. Jetzt erst kann die Utilitätsfrage Platz greifen, um noch bleibende Zweifel zu lösen. Bleibt die Hauptfrage dann noch immer dunkel, so muß sie schließlich noch vom Sittlichkeitsstandpunkte aus betrachtet werden, da der Richter nur einer ganz unzweideutigen Vorschrift gegenüber annehmen kann, daß ihm etwas anderes befohlen ist, als dasjenige, was ihm vom Standpunkte seines Gewissens aus als das Richtige erscheint.

So soll uns denn der zweite Theil des nächsten Kapitels (I b) zu einer geschichtlichen, der dritte (Nr. II.) aber zu einer philosophischen Prüfung der Frage führen. Daran soll sich eine praktische und eine legislativpolitische Erörterung anschließen. (Nr. III und IV.) Die ethische Erwägung (V) soll den Schlußstein bilden und insofern versöhnlich wirken, als sie anerkennen wird, daß das in seiner Allgemeinheit unhaltbare Willensdogma doch wenigstens einen kleinen richtigen Kern in sich schließt, den seine Gegner und unter ihnen auch der Verfasser selbst früher nicht im vollen Umfange gewürdigt haben.

Capitel 2. Die Abschätzung des Entwurfs.

I. Prüfung des Entwurfs nach den Quellen (geschichtliche Prüfung).

a) Die römischen Rechtsquellen (philologische Prüfung).

§ 4.

Exegetische Fragen sind für die deutsche Reichsgesetzgebung nicht von unmittelbarem Werthe. Niemand wird ihr einen Vorwurf deshalb machen, daß sie nicht aus dem corpus juris civilis schöpft. Eher würde sie im entgegengesetzten Falle Tadelsworte von Seiten der Tagesströmung zu befürchten haben. Daher denn auch die Motive wohlweislich mit Anlehnungen an Justinian's Rechtsbücher überaus sparsam sind.

Man darf jedoch hierbei niemals vergessen, daß nur die Geschichtskenntniß dagegen schützt, gesetzgeberische Eintagsfliegen in die Welt zu setzen, und daß ein nüchterner Beobachter aus den praktischen Erfolgen der römischen Rechtssätze auf dem Verkehrsgebiete, auf welchem sie einen großen Theil der gebildeten Welt nicht bloß dauernd erobert, sondern auch in nutzbringender Weise umgestaltet haben, ohne Weiteres auf ihre Gemeinnützigkeit zu schließen genöthigt wird [39]).

Wie sich Justinian's Rechtsbuch zu der Irrthumslehre stellt, ist also auch für den Gesetzgeber unserer Tage nicht völlig gleichgültig.

Dies haben die Verfasser des Entwurfs allem Anscheine nach richtig erwogen. Sie haben aber auch wahrscheinlich diese Frage nicht von Grund aus, aus den Quellen entwickeln können, weil zu einer solchen Behandlung des gesammten Privatrechtsgebietes selbst ihre reichlich bemessene Arbeitszeit nicht genügt haben würde. Sie haben sich vielmehr auch hierbei allem Anscheine nach an die zuverlässigste Autorität unserer Zeit angelehnt, und zwar mit vollem Recht.

So ist denn sicherlich das Willensdogma in seiner Eigenschaft als angeblicher Ausfluß der römischen Quellen in den Entwurf hinein gekommen.

Das Verfahren der Verfasser des Entwurfs läßt sich also schwerlich anfechten.

Wenn trotzdem hier behauptet wird, daß sie nicht in richtiger Weise berathen worden sind, und die Quellen das Gegentheil von demjenigen ergeben, was die herrschende Meinung aus ihnen herausliest, so kann diese Ausführung von vorn herein einer weitgehenden Mißbilligung sicher sein, nicht nur von Seiten derjenigen, welche jedes Abweichen von der herrschenden Tagesströmung von vorn herein als eine unentschuldbare Ruhestörung ansehen, sondern auch aus dem Kreise derer, welche mit dem Verfasser einen unbegründeten Widerspruch gegen die zur Zeit mit Recht am meisten verehrten Autoritäten der Quellenkunde als eine Selbstüberhebung verwerfen.

Wenn der Verfasser sich trotzdem zu der undankbaren Rolle verurtheilt, welche ihm seine Ueberzeugung aufzwängt, so leitet er ein Recht hierauf aus den jahrelangen anstrengenden Bemühungen her, welche er gerade dieser einen Frage gewidmet und durch seine zweibändigen Ausführungen gewissermaßen unter Beweis gestellt hat. Er weiß aus der Geschichte der Wissenschaft genau, welche undankbare Aufgabe es ist, sich mit einer unnachgiebigen Uebermacht herumzustreiten, und gehört nicht zu denjenigen, welche an einem solchen Kampfe Freude haben. Allein alle seine Bemühungen, sich an das Altgewohnte anzuklammern, waren vergeblich. Sie konnten nicht verhindern, daß sich ihm seine von der ge-

[39]) Vgl. auch Strohal, dogm. Jahrb. B. 27, S. 415.

meinen Meinung abweichende Ansicht förmlich wider seinen Willen aufgedrängt hat, und daß sie sich in seinem täglichen berufsmäßigen, oft mehrstündigen Verkehre mit den Quellen immer mehr steigert und befestigt.

Diese seine Ansicht geht dahin, daß voluntas, consensus, animus als Geschäftsvorbedingungen im technischen Sinne nicht den innern Willen bedeuten, sondern den erklärten Willen, m. a. W. den Gedanken, der durch die Erklärungshandlung dem Erklärungsempfänger erkennbar wird, das beim Geschäftsabschlusse erkennbar gewordene Willensabbild.

Velle heißt daher in der Regel so viel, wie nach dem Inhalte einer abgegebenen Erklärung wollen.

Daß diese Worte in den Quellen nebenher auch noch an manchen Stellen, namentlich in Strafrechtsfragen, den innern Willen, die Absicht, bezeichnen, hat der Verfasser niemals bestritten, nur ist diese andere Bezeichnung nicht die technische für die Vertragslehre, d. h. zwei übereinstimmende Absichten in diesem letzteren Sinne setzt der gültige Vertrag nicht voraus.

Wir pflegen ja auch im Deutschen von Gedanken, Willen, Stimmung und dergleichen nicht nur da zu reden, wo wir innere Seelenvorgänge meinen, sondern auch da, wo wir erkennbare Eigenschaften von Geisteswerken z. B. Schriftstücken, Büchern u. dergl. benennen wollen.

Das deutsche Wort Wille hat überhaupt zwei vornehmliche Bedeutungen:

1. die innerliche Absicht, welche der Handlung vorhergeht und sie hervortreibt (Wille im Sinne des sog. Willensdogmas),
2. die thätige Kraft, welche aus dem Innern wirksam in die Außenwelt hineintritt[40]), d. i. in der Vertragslehre: der in der Erklärungshandlung wahrnehmbar hervorgetretene Gedanke.

Aus der Verwechslung beider Begriffe ist in der Vertragslehre eine große Verwirrung hervorgegangen, indem man Stellen, welche das Wort „Wille" im zweiten Sinne anwandten, so auffaßte, als ob es im ersten gebraucht worden wäre[41]).

---

[40]) Vgl. hierzu auch Werthauer a. a. O. S. 16 Anm. 1.

[41]) Knigge, Ueber den Umgang mit Menschen (Reclams Universal-Bibliothek 1138—1140 S. 333, 334) bemerkt sehr richtig, daß „juristischer Ausdruck nicht selten einer andern Auslegung fähig ist, als gewöhnlicher Ausdruck, und juristischer Wille oft das Gegentheil von dem, was man im gemeinen Leben Willen nennt". Aus dem Verkennen dieser Thatsache sind große Mißverständnisse hervorgegangen.

Savigny und Thöl sind deshalb an verschiedenen Stellen völlig mißverstanden worden[42]), weil sie das Wort Willen nicht im Sinne der „innern" Absicht brauchten, sondern als Bezeichnung des erkennbaren Erklärungsgedankens. Ihre Redeweise war derjenigen der Quellen nachgebildet.

So verhält es sich auch mit der voluntas contrahentium; es ist der aus dem Verhalten der Vertragschließenden wechselseitig erkennbar gewordene, auf beiden Seiten gleiche Gedanke, daß eine bestimmte Anordnung für sie gelten soll, wohl zu unterscheiden von den beiden inneren Gedanken, welche die äußeren Erklärungen hervortreiben, wie man ja jetzt auch die voluntas legis von der voluntas legislatoris wohl unterscheidet[43]).

---

[42]) Vgl. Leonhard, Der Irrthum I S. 81 Anm. 2. Ein solches Mißverständniß findet sich auch jetzt wieder bei Werthauer a. a. O. S. 27. Es ist sehr viel leichter, die Bemerkung eines andern Schriftstellers zu bemängeln, als sie in ihrem richtigen Sinne aufzufassen. Daß Savigny unter „Willen" beim Vertrage die erklärte Anordnung (bethätigte Absicht) verstand, und nicht die innere, ihr vorhergehende Absicht meinte, erscheint Fritsche unglaublich (Untersuchung über die Bedeutung von consensus und consentire in den Digesten. Berlin, G. W. Müller 1888 § 1 Anm. 1), vermuthlich, weil er selbst sich im Banne eines andern, späteren Sprachgebrauchs entwickelt hat. Er hätte sich der Bedeutung entsinnen sollen, welche das Wort „Wille" bei unsern Classikern wie sonst in Savigny's Schriften hat. Wille bedeutet oftmals so viel wie eine in die Außenwelt hinein bethätigte Kraft; z. B. in der dritten Bitte des Vaterunsers, in der Versicherung, daß ein heiliger Wille lebt, in Schopenhauer's „Welt als Wille und Vorstellung," ein Werk, nach welchem der Wille eine allgegenwärtige Kraft ist, welche uns die Vorstellungen aufnöthigt. Rousseau's volonté générale ist offenbar nur so viel wie „Staatsgewalt" (vgl hierzu jetzt Mentha, discours sur le système politique de Rousseau, catalogue de Neuchâtel 1889 S. 16. Er nennt diesen im vorigen Jahrhundert gemeinverständlichen Ausdruck jetzt l'incompréhensible miracle, offenbar, weil auch für ihn volonté und bewußte Absicht sich decken). Vgl. auch Merkel, Juristische Encyklopädie 1885: „Als Suverän des Reichs läßt sich daher nur der Wille betrachten, welcher in der einheitlichen Wirksamkeit dieser Organe seinen Ausdruck findet." Auch der „Volkswille" Savigny's sollte nicht etwa auf Plebiscite hindeuten, wie S.'s Feinde ihm nachgesagt haben (vgl. Leonhard, Zeitschr f Civ. Pr. Bd. 11 S. 124). Auch der neuerdings mit gutem Grunde angefochtene „Besitzwille" dürfte auf den psychologischen Druck hindeuten, welchen der Besitzer durch die Lage, in der er sich befindet, auf seine Mitmenschen ausübt, und durch den er sie von der Sache abzuhalten vermag. Ein Besitzwille im Sinne eine dauernden bewußten Absicht, welche an die besessene Sache „Tag und Nacht" denkt, würde allerdings eine Ungeheuerlichkeit sein (vgl. auch Savigny, Recht des Besitzes § 15 a. E.). Nähere Ausführungen würden uns von der Hauptfrage zu weit ablenken.

[43]) So richtig Wach, Handbuch das D. Civilproceßrechts Bd. I § 20 ff. S. 254 ff. und Zitelmann, Die Rechtsgeschäfte im Entwurf, Berlin, Guttentag,

Obwohl also der Verfasser sich über die Richtigkeit seiner Meinung völlig klar ist, so ist er sich doch auch darüber ebenso klar, daß der hohe Juristentag sich schwerlich geneigt zeigen wird, über eine solche exegetische Frage eine Beschlußfassung vorzunehmen. Beschlüsse über philologisch-historische Thatsachen haben überhaupt keine Berechtigung. Außerdem gehört zu jedem Urtheil ein vorheriges Actenlesen; die Acten sind aber hier recht dick und schwerverständlich. Der hohe Juristentag wird dem Verfasser nicht die Gunst erweisen wollen, längere Erörterungen mit seinen Gegnern über Pandektenstellen geduldig anzuhören.

Die Sache liegt demnach so, daß die nach des Verfassers Ueberzeugung richtige Ansicht hier nicht durchgekämpft werden kann, also alle späteren Ausführungen dieses Gutachtens sich auf neutralem Boden halten, d. h. von der Möglichkeit ausgehen müssen, daß voluntas, consensus, animus u. dgl. in den Quellen in der That dasjenige bedeuten, was die herrschende Meinung durchaus in ihnen sehen will: den inneren Geschäftswillen.

Selbst wer sich auf diesen Standpunkt stellt, behält doch immer noch den Weg offen, „durch das römische Recht hindurch, über das römische Recht hinauszugehen“. Wenn dies dem Richter der gemeinrechtlichen Lande nicht erlaubt ist, der Gesetzgeber darf es. Wäre also wirklich das Willensdogma römisch, nun so würde sich vielleicht hier eine gute Gelegenheit bieten, die neuerdings so sehr beliebte Streichung römischer Grundsätze vorzunehmen. Der Entwurf kennt kein Verbot der Erbverträge mehr, er vertilgt das Senatusconsultum Vellejanum, er vernichtet die Pupillarsubstitution, warum sollte er nicht auch dem „Willensdogma“ das Lebenslicht ausblasen?[44]) Wenn es wirklich wahr ist (was man neuerdings lehrt), daß das römische Recht nur ein „disciplinirter heidnischer Egoismus“ war,[45]) nun wohl, so ändere man es da, wo es „egoistisch“ erscheint, d. h. rücksichtslos gegen das Leiden der Mitmenschen. Eine solche Gesinnung wird aber in der That durch das Willensdogma,

---

1889, S. 16, Ueber die Gleichartigkeit dieser Frage bei Gesetzen und bei Verträgen, vgl. Schlesinger in den göttingischen gelehrten Anzeigen 1864 S. 1971 ff. Leonhard, Zeitschrift f. Civilproceß. Bd. 11 S. 190 Anm. 8.

[44]) Vgl. auch Demelius, in der Zeitschrift f. das Privat- und öffentliche Recht, Bd. IX S. 320 ff.

[45]) Der Verf. hat gegen diese verbreitete Meinung neuerdings einen Widerspruch zu erheben gewagt in seiner Schrift: Roms Vergangenheit und Deutschlands Recht, Leipzig 1888, S. 127 ff. § 42.

welches die Enttäuschung der Vertragsgenossen unter Staatsschutz stellt, begünstigt und befördert.

Wir schließen also mit dem Ergebnisse, daß auch vom Standpunkte der (unhaltbaren) herrschenden Meinung das Willensdogma sehr wohl verworfen werden kann, ohne daß seine (angebliche) römische Abstammung hiergegen Bedenken zu erwecken braucht.

Trotzdem sei dem Verfasser zum Schlusse dieses Paragraphen noch ein kurzes Vertheidigungswort pro domo wider seine Gegner gestattet, damit nicht sein gänzlicher Verzicht auf ihre Widerlegung als Folge eines Ohnmachtsgefühls gedeutet werde.

Um zu wissen, was consensus heißt, muß das ganze Quellengebiet als ein einheitliches Abbild der römischen Rechtszustände in das Auge gefaßt werden. Es genügt nicht bloß, die Stellen in das Auge zu fassen, in welchen ausdrücklich von consensus und voluntas die Rede ist.[46]) Selbst wenn man nebenher auch die besonderen Stellen über den Irrthum in Erwägung zieht, wie das namentlich von Graf Piniński neuerdings mit besonderer Sorgfalt geschehen ist,[47]) so erschöpft man doch noch nicht das Beobachtungsfeld; die ganze Vertragslehre, namentlich auch die Lehre vom Vertragsabschluß, von der Auslegung und der Stellvertretung, gehört mit in das Wahrnehmungsgebiet hinein, dessen Gesammteindruck die Antwort auf die gestellte Frage giebt. So wichtig die Einzelexegese ist, so darf man doch nie vergessen, daß bei ihr der Gesammteindruck des Ganzen mitspricht, den der Auslegende in sich trägt.

---

[46]) Dies richtet sich gegen die eingehenden Erörterungen meines verehrten Collegen Enneccerus, Recht, Rechtsgeschäft, Bedingung und Anfangstermin, Bd. I, Marburg 1888, S. 107 ff., denen ich übrigens in vielen Punkten zustimme, und die Ausführungen der sehr fleißigen, vornehmlich gegen des Verf. Schrift gerichteten Göttinger Inaugural-Dissertation von Hans Fritsche: Untersuchung über die Bedeutung von consensus und consentire in den Digesten, Berlin, Verlag von H. W. Müller, 1888, 101 S., eine Abhandlung, deren Ergebnisse nach des Verfassers Meinung nicht anschaulich genug sind, um das gewählte Motto: „Subtilitates non admittuntur“ als ungefährlich erscheinen zu lassen. Man vergleiche z. B. die Unterscheidungen in folgenden Ueberschriften: § 9. Der Thatbestand des erklärten Consenses. § 10. Der Thatbestand der Erklärung des Consenses. § 11. Der Thatbestand der Consenserklärung. § 12. Der Erklärungsthatbestand des Consenses. Die vielen von Fritsche benützten Stellen, auf welche der Verf. noch nicht eingegangen war, scheinen dem letzteren für die Hauptfrage nichts zu beweisen. Auch hier gilt: Non multa. sed multum.

[47]) A. a. O. Bd. II S. 488—570. In der Hauptsache ist auch er ein Gegner des Verfassers, vgl. Bd. II S. 462 ff. Vgl. jedoch hiergegen auch seine Ausführungen Bd. I S. 19, S. 185 A. 1.

In steter Lectüre diesen zu verbessern und das Ergebniß dann wieder auf das Einzelne anzuwenden, ist der einzige Weg, um in der Kenntniß der römischen Quellen vorwärts zu kommen.

Da wir nun unmöglich Alle jeden Theil des Ganzen mit gleicher Liebe behandeln können, so ergiebt sich, daß die Gesammtbilder der Quellen, die wir in uns tragen, persönlich verschieden ausfallen, und Controversen, wie die hier fragliche, durchaus nicht etwa beweisen, daß eine Partei, welche andere Dinge sieht als wir, parteilich sei und sich in gröblicher Weise irren muß.[48]) Trotzdem sind auch bei solchen Massenbeobachtungen nicht alle Ansichten gleich gut und gleich lebenskräftig. Sie haben in ihrer Brauchbarkeit für die Exegese eine Probe zu bestehen, bei der schließlich doch die bessere siegt. Diejenige aber, welche uns zunächst am meisten überzeugt, erweist sich durchaus nicht immer auch später als die glaubwürdigere.

Eben diese Probe, welche der Verfasser beim Quellenlesen und in praktischen Uebungen durch seinen Beruf täglich zu machen genöthigt ist, befestigt ihn immer mehr in seiner Meinung über die Bedeutung von consensus, bei der er sich übrigens an Autoritäten, wie Cujacius und Brissonius angelehnt hat.[49])

Daß für die entgegengesetzte, vom Verfasser angefochtene Ansicht der erste Anschein einzelner Stellen, sofern man sie allein und nicht im Rahmen des Ganzen betrachtet, spricht, weiß er sehr wohl. Darum hat es nach seiner Meinung keinen Werth, wenn dies immer wieder hervorgehoben wird Von seiner Ansicht würde er erst dann abgehen können, wenn ihm für die vielen Zweifel, welche ihm seine Ansicht spielend löst, von der entgegengesetzten Seite eine auch nur erträgliche Lösung geboten würde. Wenn man sich der Mühe enthebt, die unglaublichen, aber unvermeidlichen Folge der Lehre, die man predigt, zu rechtfertigen, dann macht man sich freilich seine Aufgabe recht leicht.

Was den Verfasser zwingt, an seiner Lehre festzuhalten, sind namentlich folgende von der entgegengesetzten Meinung unbeantwortet gebliebene Fragen:

---

[48]) Dies verkennt Drucker in den Schlußworten seiner übrigens sorgfältigen Recension, welche er (über die Schrift: Leonhard, der Irrthum u. s. w.) im Rechtsgeleerd Magazijn unter der Ueberschrift „Eene Bijdrage ter vereenvoudiging van de leer der Overeenkomsten" veröffentlicht hat.

[49]) Leonhard, Der Irrthum, I § 2 S. 11 ff. Vgl. jetzt auch die zustimmenden Bemerkungen Hartmann's, Archiv f. civ. Pr. Bd. 72. S. 177 Anm. 18. S. 188 Anm. 26.

1. Wie kommt es, daß die Römer den consensus seine Urheber binden lassen, während doch die bloße unerklärte Uebereinstimmung der Absichten keinen Vertragsschluß bildet?
2. Wie kommt es, daß sie consensus zum gültigen Vertrage verlangen, während doch in Wirklichkeit in keinem Augenblicke des Vertragsschlusses eine gleichzeitige Absichtseinheit vorzuliegen braucht?
3. Wie kommt es, daß sie die voluntas contrahentium auslegen, da man doch nur Erklärungen auslegen kann, nicht innere Gedanken?
4. Wie kommt es, daß der Stellvertreter die voluntas herstellt, während doch der Herr bei der Vollmachtsertheilung selbst den inneren Geschäftswillen hat?
5. Wie kommt es, daß die Römer Bestimmungen als stillschweigend verabredet bezeichnen, an welche die Parteien nicht gedacht haben?

Auf solche Fragen und andere mehr giebt es, wie in der Schrift („Der Irrthum bei nichtigen Verträgen") ausgeführt ist, eine einfache, völlig befriedigende Antwort: „Voluntas und consensus bezeichnen die in der Erklärung wahrnehmbar gewordenen Gedanken", nicht aber die inneren Absichten, welche ihnen vorhergegangen sind und von den erklärten Gedanken in ihrem Inhalte vielleicht abweichen, vielleicht aber auch nicht.

Solche Fragen sind allerdings nöthig, aber leider sind sie für Viele nicht vorhanden. Nicht Jeder, der flüchtig durch die römischen Texte streift, vermag einzusehen, wie unvermeidlich jene Fragen demjenigen sind, welcher der unausgesetzten Erläuterung eben dieser Texte sein Leben widmet. Um die Nothwendigkeit solcher Fragen zu begreifen, muß man das Quellengebiet in der richtigen Weise durchreisen, nicht wie ein exercirender Soldat, welcher sich lediglich in der von oben her befohlenen Richtung vorwärts bewegen muß und daher außer seinem Vordermanne nichts sieht, sondern wie ein Feldherr, welcher auf jeden höheren Punkt hinaufsprengt, von dem er eine große Fläche auf einmal übersehen kann. Wer auf diesem Gebiete unbefangen beobachten will, darf auch nicht um den guten Ruf seiner wissenschaftlichen Gesinnungstüchtigkeit allzu besorgt sein; es muß ihm nicht darauf ankommen, im Nothfalle von den gangbarsten Schriften in effigie verbrannt zu werden. Wenn man das nicht will, dann bleibt eben nichts anderes übrig, als alles dasjenige, was die herrschende Lehre in die Quellen hineinlegt, gläubig entgegenzunehmen, ohne zu prüfen, ob es denkbar, durchführbar, gemeinnützig und sittlich erlaubt ist.

Solche Quellenbewunderer sind freilich selten geworden, seitdem man sich mehr an die Lehrbücher hält, als an die Texte. Um so häufiger werden aber diejenigen, welche den römischen Juristen die ärgsten Mißgriffe, und den Vorfahren, welche sie durch Jahrhunderte vergöttert haben, eine große Beschränktheit zutrauen. Wenn man z. B. findet, daß die großen Rechtspfleger Roms etwas gesagt haben, was bei wörtlicher Uebersetzung in die heutige Redeweise sinnlos zu sein scheint, z. B. die Annahme nicht gewollter stillschweigender Abreden, so gilt es für das gute Recht der Gegenwart, den Inhalt der Quellen als verkehrt in sein Gegentheil umzuwandeln und dies als römisches Recht vorzutragen. Dabei wird auch nicht einmal die Pflicht empfunden, die angeblichen unerhörten Mißgriffe jener erfolgreichen Männer zu erklären.

Mit solchem Verfahren sich zu befreunden ist dem Verfasser unmöglich. Für unfehlbar hält er die römischen Juristen nicht, wohl aber für verständige Kenner der Lebensverhältnisse, denen es unmöglich war, etwas Sinnloses niederzuschreiben. Nur eine Lehre, welche hiervon ausgeht, hat für ihn überzeugende Kraft.

Schließlich möchte der Verfasser noch auf eine Hauptschwäche seiner Gegner hinweisen. Consensus (im technischen Sinne) soll bei ihnen bald „inneren Willen, verbunden mit entsprechender Erklärung" bedeuten, bald „den bloßen inneren Willen ohne Erklärung". Und zwar werden beide Ansichten neben einander vorgetragen, als wären sie mit einander verträglich. So wird z. B. die Wendung consensu declarare (durch Zustimmung erklären) von einigen Kritikern übersetzt als „im Einverständnisse erklären", während sie im selben Athem behaupten, daß consensus nicht bloß das innere Einverständniß, sondern auch dessen äußere Erklärung umfaßt.[50]) Sie bleiben also nicht einmal fest bei ihrer eigenen Meinung.[51])

Ein solches Schwanken zwischen zwei widersprechenden Uebersetzungen eines wichtigen technischen Ausdruckes kann Keinem genügen, den sein

[50]) Daß diese Ansicht, nach der dieselbe äußere Thatsache nach einem nicht erkennbaren Umstande bald consensus heißen soll, bald nicht, nur aufgestellt ist, um der richtigen auszuweichen, springt in die Augen.

[51]) Vgl. Lotmar, Krit. V.J.Schr., Bd. 25 S. 372 ff., Fritsche a. a. O. S. 72 Anm. 133, S. 87 Anm. 195. Der Erstere drückt sich freilich hierbei in sehr vorsichtiger Weise aus. Etwas entgegenkommender gegen des Verf. exegetischen Standpunkt ist Regelsberger, Ztschr. f. Hdlsr. B. 29 S. 314.

Beruf zwingt, für eine verständliche und zu glaubwürdigen Ergebnissen führende Auslegung der Justinianischen Rechtsbücher einzustehen.[52])

Der consensus im technischen Sinne kann doch nur entweder das innere Einverständniß oder die äußere Erklärung bedeuten, oder allenfalls das Nebeneinanderstehen von Absicht und Erklärung, so gezwungen und gesucht auch dieser letztere Ausweg erscheint. Keineswegs aber darf gestattet sein, zwei von diesen sich widersprechenden Möglichkeiten neben einander als richtig hinzustellen. Die Gültigkeit des Vertrages kann nicht von zwei ganz verschiedenen Thatbeständen abhängig sein, nur einer ist maßgebend. Keinesfalls aber ist es zulässig, nach Belieben von zwei Ansichten bald die eine und bald die andere als die Grundlage der eigenen Ausführungen zu wählen.

Daß die Vertreter der herrschenden Meinung sie noch nicht entbehren können und darum der entgegengesetzten Ansicht Widerstand leisten,[53]) ist wohl verständlich. Der Uebergang vom Willensdogma und der quellenwidrigen Uebersetzung von „consensus“ und „voluntas“, auf der es beruht, zu der entgegengesetzten Meinung läßt sich durch einen einfachen Willensact nicht ermöglichen. Der Verfasser erinnert sich noch sehr wohl der jahrelangen Mühen und Sorgen, welche ihm die Ueberzeugung von der Nothwendigkeit dieses Schrittes aufgenöthigt hat. Unsere neueren Lehrbücher und die aus ihnen herausgewachsene Gedankenwelt der jüngeren Juristen sind von der unhaltbaren Lehre so förmlich durchtränkt, in tausend Fasern so eng mit ihr verwachsen, daß man beinahe meinen sollte, die richtige Ansicht sei durch diesen Proceß uns für alle Zeiten unwiederbringlich verloren gegangen.

Und doch ist auch hier dafür gesorgt, daß dasjenige, was das Volksbedürfniß verlangt, sich auch der Juristenwelt wird aufnöthigen müssen. Ohne die richtige Ansicht giebt es keine widerspruchslose Quellenexegese, keine folgerichtige Rechtspflege, keine durchführbare Vertragslehre. Die eigenen Mängel der unhaltbaren Lehre werden ihr den Untergang bringen, welche die Beweisgründe ihrer Gegner herbeizuführen zu schwach sind.

---

[52]) Am meisten bestärkt den Verf in seiner Ansicht die Unvollständigkeit der Entgegnungen seiner Widersacher, welche es wohl mit gutem Grunde unterlassen haben, eine Widerlegung gerade seiner wichtigsten Beweisgründe auch nur zu versuchen. Die Vermuthung Rassow's (in der Kritik der Schrift Der Irrthum bei n. V. u. s. w., Beiträge zur Erläuterung des deutschen Rechts 1883 Bd. 27 S. 762), „daß die Anhänger der herrschenden Meinung es an ihrer Antwort nicht fehlen lassen werden“, hat sich also nur zum Theile als richtig bewährt.

[53]) Vgl. statt Vieler Windscheid, Pand. 6. Aufl. Bd. I § 75 Anm. 1 a.

Je später dies geschehen wird, desto gründlicher wird der Sieg der guten Sache sein. Unhaltbare Lehren scheitern an den Hemmnissen, welche ihnen die Willenskraft ihrer Gegner in den Weg stellt, richtige bewähren desto mehr ihre Lebenskraft, je schlimmer die Probe ist, welche man ihnen zumuthet.[54])

---

[54]) Von ferneren Beweisstellen seiner Ansicht, welche nach dem Erscheinen der Schrift über den Irrthum von dem Verf. gesammelt sind, will er hier nur die allerwichtigsten veröffentlichen. Es handelt sich darum, ob voluntas und ähnliche Ausdrücke im Zweifel den erklärten Willen oder den sog. wirklichen Willen, d. i. die der Erklärung vorhergehende Absicht bedeutet; vgl. nunmehr I. ad vocem consensus nov. 120 cap. VII συναινούντων ἐγγράφως ἢ διὰ καταθέσεως, übersetzt bei Beck: consentientibus scripto aut per confessionem. In l. 57 dig. de legatis I wird das „aperte sentire" in einen Gegensatz zu dem inneren animus gestellt Hier ist eine Absicht da und doch kein „sentire" (vgl. zu dieser Stelle Seuffert in den Festgaben für Planck, München 1887 S. 177). In c. 4 § 1 cod. de praescr. 30 vel 40 ann. 7, 39 heißt der erkennbare Sinn des Gesetzes „sensus". Wenn endlich Gellius, noctes atticae XI, 18 von einem „inliteratus consensus" spricht, so muß er doch wohl auch an die Möglichkeit des literatus consensus glauben. II. Das Wort „tacite" bedeutet nur: „ohne Worte", setzt aber keineswegs eine wortlos gebliebene bewußte Absicht eines bestimmten Menschen voraus, sondern deutet auch auf Dinge hin, an welche keine lebende Seele gedacht hat, welche sich aber von selbst verstehen. So erklärt sich das „tacitum jus" der l. 15 pr. dig. de adopt. I, 7, das „tacite adcrescere" der l. 53 § 1 dig. de acquir. vel om. her. 29, 2 (dort so viel als: „ob er will, oder nicht"), endlich die Worte „tacite in ea tempus continetur" in l. 83 § 5 dig. de verb. obl. 45, 1. Einen Fall stillschweigender Bedingung, der in die üblichen Irrthumsschemata schlecht paßt, enthält auch l. 31 dig. de pec. cst. 13, 5. Wie sehr die Römer geneigt waren, Vertragsbestimmungen gelten zu lassen, welche anständige Leute als für die Lage der Vertragschließenden selbstverständlich ansahen, ohne daß dabei von den Parteien oder auch vom Inhalte eines Gesetzes oder Gewohnheitsrechts an solche Anordnungen gedacht wurde, beweist die l. 21 pr. dig. de capt. 49, 15 besser, als jede andere Stelle. III. Voluntas heißt in der Vertragslehre „der offenbarte Wille": dasjenige, was jemand nach seinem erkennbaren Verhalten will, nicht das innere Wollen, welches niemals aus dem Innern herauskommt, sondern von welchem nur ein in Worte eingekleidetes, im Innern angefertigtes (bisweilen unähnliches) Abbild an das Tageslicht der Erkennbarkeit hinaustritt. Darum ist es den Römern möglich „voluntatem in scriptis manifestare" (c. 2 § 1 Cod. de ann. exc. 7, 40), von dem verborum casus heißt es, daß er „voluntatem (das erkennbar werdende Willensabbild) excipiens" ist (c. 21 Cod. de leg. 6, 37). Das „velle" (Anordnen) ist durch ein Rescript möglich (l. 1 § 2 dig. de magistr. conv. 27, 8), d. h. also durch ein Reden, das kein bloßes Denken ist. Die erkennbare Wahl eines Domicils heißt voluntas domicilii (c. 5 Cod. de incolis 10, 39 (40). In c. 8 § 3 Cod. de codic. 6, 36 ist von dem Augenblicke die Rede „quando scriptura voluntas componitur". Ist das nun der innere Wille oder die Erklärung? Bei dem mündlichen Testament

b) Prüfung des Willensdogmas nach den allgemeinen Geschichtsquellen (kulturgeschichtliche Prüfung).

§ 5.

Neben der Einzelexegese pflegt man neuerdings zur Prüfung juristischer Ansichten auch die Gesammtlage der Zeitepoche zu verwenden, aus welcher bestimmte Rechtssätze erweislich hervorgegangen sind.

So hat man mit gutem Grunde darauf hingewiesen, daß das classische Recht im Gegensatze zu den Grundsätzen des älteren Roms nicht bloß auf den Wortlaut der Geschäfte, sondern auch auf den inneren Willen sieht, um ex aequo et bono zu urtheilen. Es darf jedoch, wie gleichfalls schon oft hervorgehoben worden ist, hieraus nicht gefolgert werden, daß dieser Umschwung so gewaltig war, daß im neueren Recht die Erklärung ohne einen entsprechenden Willen nichts mehr galt.[55])

Es ist vielmehr sehr unwahrscheinlich, daß die großen Juristen Roms das Verkehrsleben ihrer Zeit nach Grundsätzen beurtheilt haben,

---

hält es der Testator für angemessen, „sine scriptis suam voluntatem vel testamentum componere" (c. 26 Cod. de testamentis 6, 23). In c. 22 Cod. tit. cit. de testamentis heißt es: „testibus etiam ad efficiendam voluntatem adhibitis". Welcher Mensch hat wohl jemals Zeugen herbeigeholt, um (nicht eine Erklärung, sondern) eine innere Absicht herzustellen? Gerade wie die Quellen von einer voluntas legis, welche von der voluntas legislatoris verschieden ist, reden, so kennen sie auch eine voluntas orationis (l. 6 § 2 dig. de conf. 42, 2) und eine voluntas pacti (c. 2 Cod. de jure dotium 5, 12), die sich mit einer voluntas imperatoris oder paciscentis keineswegs deckt. IV. Aehnliche Ausdrücke, welche in der Regel Seelenzustände bezeichnen, werden in der Jurisprudenz vielfach für Erklärungen gebraucht; vgl. z. B. l. 21 § 1, dig. de acqu. vel om. her. 29, 2 „Interdum animus solus eum obstringit hereditati", vgl. auch l. 60 pr. § 2 de v. sign. 50, 16 (affectio-definiatur). Auf die folgenden Stellen hat mich Herr Geheimrath Ubbelohde aufmerksam gemacht, wofür ich ihm meinen besten Dank sage: a) In Const. 5. Cod. de inoff. test. 3, 28 heißt „propositum" der „erklärte Vorsatz". b) Zur Bedeutung des Wortes „affectus" vgl. l. 55 dig. de obl. et act. 44, 7 (= der erklärte Wille) sowie die c. 9 Cod. Theod. de infirm. his, quae sub tyrann. 15, 14 valeat ..... affectus adeundae hereditatis. c) Das non velle in l. 17 dig. de acqu. vel. am. poss. 41, 2 deutet zweifellos auf die Erklärung, nicht zu wollen, hin. Vgl. übrigens auch die für die Erklärungstheorie und wider das Willensdogma redenden Stellen, welche Graf Piniński a. a. O Bd. II S. 421 Anm. 1 mittheilt.

[55]) So auch jetzt wieder in richtiger Ausführung gegen Lotmar Graf Piniński, Bd. II. S. 307.

deren Durchführung einen so großen Scharfsinn und eine so subtile Unterscheidung verlangt, wie es hinsichtlich des Willensdogmas in der Darstellung seiner heutigen Vertreter der Fall ist. Man erwäge, wie viel von den Ausführungen der Anhänger dieser Lehre offenkundig von der neueren Philosophie beeinflußt ist, um zu begreifen, daß die Römer eine schlichtere Lehre besessen haben müssen, als diese ist. Außerdem erweisen sich jene großen Juristen Roms als so feine Kenner der Verkehrsbedürfnisse, daß sie schwerlich einer Lehre gehuldigt haben können, welche diesen so wenig genügt, wie das Willensdogma. Selbst wenn ausdrückliche Quellenzeugnisse nicht dafür sprächen, was nicht der Fall ist, so würde uns das Gebot der geschichtlichen Wahrscheinlichkeit dazu zwingen, an ihrer Unverfälschtheit zu zweifeln.

Dazu kommt, daß bei dem Willensdogma dem Wunsche des Einzelnen ein Uebergewicht über das allgemeine Staats- und Verkehrsinteresse gegeben werden soll. Eine solche Denkart scheint mir aber mit allem, was wir aus der Zeit des römischen Kaiserthums wissen, so wenig übereinzustimmen, daß sie als Grundzug der damaligen Rechtspflege wenig glaublich erscheint.

Auch dem Geiste des byzantinischen Rechts entspricht diese herrschende Lehre nur wenig. Wir wissen, daß im Ostreiche die Gefahr der falschen Zeugen eine große Rolle spielte.[56]) Gerade diese Gefahr mußte die durch Zeugen zu beweisende Einrede, daß man einen anerkannten Geschäftsinhalt innerlich nicht gewollt habe, als besonders bedenklich erscheinen lassen, also das Willensdogma in besonders hohem Grade unerwünscht machen.

Daß im Laufe der späteren Weltgeschichte eine Veranlassung vorlag, das Willensdogma gewohnheitsrechtlich hervorzutreiben, wird nicht erwiesen werden können. Der Verfasser glaubt vielmehr, daß der Anstoß zu ihm aus einer Mönchszelle des Mittelalters hervorgegangen ist.[57]) Jedenfalls legt der Umstand, daß das englische Recht, dessen Werth in Verkehrsangelegenheiten nicht zu verachten ist, es verwirft,[58]) den Gedanken nahe, daß die mittelalterliche Mönchsweisheit, welche sich in ihm verkörpert, zu dem neueren Aufschwunge des Handels besonders schlecht paßt.

---

56) Nov. 90; Bethmann-Hollweg, Civilproceß Bd. III § 155 Anm. 9. 10.

57) Leonhard, Irrthum II S. 573 ff.

58) Vgl. Schuster, Busch's Archiv für Handelsrecht Bd. 45 S. 322.

II. Prüfung der inneren Widerspruchslosigkeit des Entwurfs (philosophische Prüfung).

a) Prüfung nach den Denkgesetzen (logische Prüfung).

§ 6.

Eines der einflußreichsten Worte v. Ihering's warnt vor der Ueberschätzung des logischen Elementes im Rechte.

Es giebt aber daneben auch eine Unterschätzung dieses selben Elements, d. i. die Nichtbeachtung des Widerspruchs einer Lehre mit sich selbst. Beide Fehler haben bei dem „Willensdogma" eine verhängnißvolle Rolle gespielt.

Die Ueberschätzung des logischen Elements zeigte sich namentlich in der Herleitung der Rechtssätze aus Begriffen, ja sogar aus Definitionen.[59])

Daß ein richtig aufgefaßter juristischer Begriff den Rechtssatz, auf dem er beruht, in sich enthält, ist gewiß. So ist es auch ganz sicher, daß Jeder, welcher den Begriff des geschäftshindernden Irrthums richtig erkennt, wissen muß, in welchen Fällen die Rechtssätze einen Irrthum als geschäftshindernd ansehen. Allein eben deshalb kann man einen Begriff erst dann richtig fassen, wenn man sich vorher den Rechtssatz aus den Quellen entwickelt hat, ohne welchen jener nicht bestehen würde.[60])

Jedes andere Verfahren läuft auf eine petitio principii hinaus.[61])

---

[59]) Begriffe und Definitionen siud nicht dasselbe, sondern verhalten sich zu einander, wie das Bild zum Rahmen, vgl. Leonhard, Zeitschrift f. Civilproceß Bd. 11 S. 135.

[60]) Viel Verwirrung würde uns erspart bleiben, wenn man nicht die „Rechtssätze" und die „Rechtsbegriffe" für zwei verschiedene Dinge hielte. Beide bilden denselben Wahrnehmungsgegenstand, von zwei verschiedeuen Seiten betrachtet und benannt.

[61]) Einer vernichtenden Kritik ist das gerügte Verfahren von v. Ihering unterzogen worden (vgl. Schmoller's Jahrb. f. Gesetzgebung ꝛc. Bd. VII Heft 1 S. 4 ff.). — Daß die Neigung neuerer Juristen, aus allgemeinen Begriffen geschichtliche Thatsachen, wie es die Rechtssätze sind, herzuleiten, mit Gedanken Hegel's zusammenhängt, hat der Verf. in der Hoffnung, auch ohne besondere Citate verstanden zu werden, in seiner Schrift über den Irrthum gelegentlich angedeutet. Diese Unvorsichtigkeit hat ihm die Entgegnung eines Philosophen zugezogen (Witte, Das Wesen der Seele, Halle-Saale, Pfeffer 1888, Vorwort S. VIII), welcher einen Beweis dieser (allerdings nur auf Juristen berechneten) Bemerkung vermißt und seiner Empfindung in einer nicht gerade verbindlichen Form Ausdruck giebt (Vorwort S. VIII). Da der Verfasser an diesem unliebsamen Vorfalle insofern selbst Schuld trägt als er auf die Ausführungen Hegel's, welche ihm vorschwebten, bloß angespielt und es dabei unterlassen hat sie anzuführen, so holt er hiermit das Versäumte

Wenn man nun aber etwa aus der üblichen Definition des Rechtsgeschäfts eine Waffe wider die Gegner des Willensdogmas schmieden will, so verkennt man völlig das Verhältniß zwischen Gesetzgebung und Rechtslehre. Die Definitionsfrage ist allerdings wichtig, sie ist es auch hier[62]). Immer aber ist sie eine Frage, die erst in zweiter Linie steht. Ehe ich etwas definiren kann, muß ich wissen, wie es beschaffen ist. Dieses Letztere kann ich niemals aus der Definition folgern. Wenn daher eine hergebrachte Begriffsbestimmung zu dem wirklichen Rechte nicht paßt, so muß jene weichen, nicht etwa dieses. Non jus ex definitione, sed definitio ex jure.

Daß sich bei einigem guten Willen auch von dem Rechtsgeschäfte eine brauchbare Begriffsbestimmung geben läßt, welche die Fehler des Willensdogmas vermeidet, ist erst neuerdings bewiesen worden[63]).

Weder „Begriff" noch „Definition" des Vertrages können also denjenigen in der Anfechtung des Willensdogmas irre machen, der das „logische Element" im Recht nicht überschätzt.

Man darf es aber auch nicht unterschätzen. Dies thut man dann, wenn man Dinge behauptet, welche nach den festen Denkgesetzen unmöglich

---

nach. Er dachte an Hegel's Grundlinien der Philosophie des Rechts, oder Naturrecht und Staatswissenschaft im Grundrisse. Herausgegeben von Dr. Eduard Gans. Berlin 1840. Duncker & Humblot. S. 21, 26, 61, 133, 271, 344, 352, 353, 358 und sonst. Auch Lassalle würde nach Witte der Vorwurf treffen müssen, „besonders wenig in philosophischen Dingen bewandert zu sein", denn auch er behauptet etwas ganz Aehnliches, wie der Verf., System der erworbenen Rechte, Leipzig 1861 S. 70 Anm. 1 Daß namentlich die Ausführungen Hegel's a. a. O. S. 61 (§ 29) auch auf die Bildung des „Willensdogmas" von Einfluß waren, geht aus ihrer Vergleichung mit dem überaus einflußreichen Lehrbuche Puchta's (Cursus der Institutionen Bd. I § 1 ff.), wie überhaupt aus der angezogenen Stelle hervor.

[62]) So mit Recht Graf Piniński a. a. O. II S. 281 ff.

[63]) von Graf Piniński Bd. II S. 317. Vielleicht ließe sich das Rechtsgeschäft noch besser also definiren: „Ein bewußtes Verhalten, das nach Rechtsvorschrift ausgelegt, kraft rechtlicher Ermächtigung etwas anordnet". Uebrigens spricht man von Geschäften und Verträgen auch da, wo die Betheiligten nur auf das Anstandsgefühl, nicht auf den Rechtsschutz rechnen. Diese Akte würden ebenso zu definiren sein, nur müßte man bei ihnen statt „nach Rechtsvorschrift" und „kraft rechtlicher Ermächtigung" beide Male sagen: „nach den Regeln des Anstandes". — Zu jedem Rechtsgeschäfte gehören also zwei Rechtssätze: einer, der seine Auslegung regelt, und ein anderer, der seine Folgen bestimmt. Vgl. übrigens auch Enneccerus a. a. O. I S. 55 Motive z. Entwurf I S. 126 und hierzu Hellmann a. a. O. S. 487. Nach der üblichen Definition (z. B. Motive I S. 126) würden alle Formalgeschäfte, bei denen der Wortlaut bindet, überhaupt keine Rechtsgeschäfte sein.

sind, d. h. nach den Regeln der Logik und der Erkenntnißlehre, welche ja strenge genommen auch ein Zweig der Denklehre ist[64]).

Diese Denkgesetze beruhen auf unabänderlichen Fähigkeiten der menschlichen Natur und können aus denselben Gründen, denen zufolge das englische Parlament nach einem bekannten Sprichworte aus einem Weibe keinen Mann machen kann, durch die Gesetzgebung nicht geändert werden, da sie auch den unumschränktesten Tyrannen übertyrannen. (Caesar non supra grammaticos.)

Ihrer unumstößlichen Gewalt gegenüber dürfte der § 98 des Entwurfs einen schweren Stand haben:

„Beruht der Mangel der Uebereinstimmung des wirklichen Willens mit dem erklärten Willen auf einem Irrthume des Urhebers, so ist die Willenserklärung nichtig, wenn anzunehmen ist, daß der Urheber bei Kenntniß der Sachlage die Willenserklärung nicht abgegeben haben würde."

Hier müssen wir zunächst zwei Ausdrücke untersuchen, welche zu Zweifeln Anlaß geben: 1. wirklicher Wille, 2. Irrthum.

1. Wirklicher Wille. Ist darunter vielleicht nur ein klar bewußter Wille bei dem Geschäftsabschlusse verstanden? Dies kann nicht sein, denn im letzten Augenblicke kann der Urheber der Erklärung doch nur ihren wirklichen Inhalt gewollt haben. Hätte er ihn nicht gewollt, so würde er ihn nicht gesagt haben. Eine Nichtübereinstimmung des zuletzt wirklich Gewollten und des Gesagten ist also undenkbar[65]). Wenn nun trotzdem von ihr die Rede ist, so kann unter dem „wirklichen Willen" bei einer benigna interpretatio nur dasjenige verstanden werden, was der Urheber der Erklärung ohne den Irrthum gewollt haben würde.

2. Die Frage ist also: Wann pflegt eine Partei in Folge eines Irrthums etwas anderes zu wollen, als ohne den Irrthum? Dann soll nach dem Entwurfe ihr Geschäft nichtig sein.

Wir müssen zur Lösung dieser Frage den arg vernachlässigten Begriff des Irrthums näher betrachten[66]).

Gewöhnlich definirt man: Irrthum ist eine falsche Vorstellung. Allein hiermit ist nicht viel gewonnen, solange das Wort „falsch" nicht näher bestimmt wird.

---

[64]) Wer wahrnimmt, strengt zugleich seine Denkwerkzeuge an, indem er eine Menge von Sinnesreizen zu einem Gesammtbilde zusammenfaßt (co-agitare = cogitare).

[65]) Leonhard, Bd. II S. 322 ff.

[66]) Vgl. hierzu auch Werthauer a. a. O. S. 5.

Hierbei müssen wir zunächst bedenken, daß die Erkennungsmerkmale des Irrthums ihm selbst nicht anhaften. Solange der Mensch irrt, kann er selbst einen Irrthum von den nicht irrthümlichen Vorstellungen nicht unterscheiden.

Die Eigenschaft der Irrthümlichkeit haftet also nicht der falschen Vorstellung als solcher an, sondern folgt aus ihrem Verhältniß zu einer andern bessern Vorstellung, welche der jetzt Irrende selbst später hat, bei der ihm, wie man sagt, die Schuppen von den Augen gefallen sind, oder die sich schon jetzt im Kopfe eines andern Menschen befindet, dessen Denken sich auf einer bessern Straße fortbewegt.

Woran ermißt nun ein unparteiischer Beobachter, welche von zwei widersprechenden Vorstellungen, die entweder X zu zwei verschiedenen Zeiten hat, oder welche X und Y neben einander haben, die richtige ist? Dabei wird ein Beobachter vorausgesetzt, der nicht an einer dünkelhaften Unkenntniß der menschlichen Schwäche leidet, sondern nach Maßstäben prüft, welche außerhalb seiner Eigenliebe liegen.

Meines Erachtens giebt es nur einen einzigen solchen sicheren Maßstab, d. i. die Vorgeschichte der Meinung, um deren Richtigkeit es sich handelt. Nur sie kann feststellen, ob über der Vorstellung eines Menschen das Damoklesschwert der Enttäuschung hängt[67]). „Beobachtung, Vorkenntnisse, Geisteskraft", dieses sind die drei Wurzeln, aus denen jeder Gedanke entspringt. Je kräftiger sie sind, desto kräftiger ist auch der Baum, der aus ihnen herauswächst.

Die richtige von zwei widersprechenden Vorstellungen ist also diejenige, welche aus erschöpfender Beobachtung, zureichenden Vorkenntnissen und genügender Geisteskraft entspringt[68]). Sie stammt von besseren Ahnen, als die falsche Vorstellung, ist also gewissermaßen von besserem Adel[69]).

Wo das Beobachtungsfeld begrenzt ist (z. B. in der Mathematik, in der es im Kopfe des Beobachters selbst liegt), da giebt es exacte Wahrheiten; wo es aber unendlich ist und selbst für den Weitsichtigsten seine Grenzen im Nebel verschwimmen, wie in der Geschichtswissenschaft

---

[67]) Darum ist es auch durchaus nicht verkehrt, daß die Leute gern an ihren Gewährsmännern festhalten, selbst da, wo die schlagendsten Gründe wider diese reden.

[68]) Darum kann man strenge genommen niemals „errorem probare", sondern nur causam erroris. Gajus I § 67 ff. Seuffert's Archiv Bd. 17 Nr. 75.

[69]) Die bei Werthauer a. a. O. § 5 Anm. 1 angezogene Definition Schopenhauer's umfaßt nicht alle Irrthumsfälle. Das Gleiche gilt von den geistvollen Ausführungen im Januarhefte der Deutschen Rundschau 1889 S. 106 von Sigmund Exner, Ueber allgemeine Denkfehler.

oder bei allen größeren Fragen der Politik, da kann von Gewißheit der Beobachtung alles Ernstes nicht die Rede sein. Es giebt hier weniger „richtige“ und „unrichtige“ Meinungen, als „mehr oder minder richtige“ Meinungen. Nur Gott ist auch hier allwissend.

So ist es auch im Geschäftsleben, so im täglichen Verkehre. Wir werden von Anschauungen vorwärts getrieben, die wir andern nachsprechen müssen, weil wir sie nicht nachprüfen können. Unsere schwache und oft ermüdete Wahrnehmungskraft geht über einen kleinen Gesichtskreis nicht hinaus. Unsere Vorstudien sind beschränkt und durch Vergeßlichkeit durchlöchert. So wandern wir alle in dem tiefen Thale des Irrthums dahin, und unser einziger Trost bleibt, daß nach Goethe derjenige, „den Gott betrügt, gut betrogen ist[70])“.

Lediglich deshalb, weil die meisten unserer Irrthümer unaufgeklärt bleiben, vielleicht sogar mit menschlichen Kräften nicht aufgeklärt werden können, wird uns unsere ganze und völlige Abhängigkeit vom Irrthume niemals im vollen Umfange bewußt. Nur das Naturkind glaubt ernstlich an die volle Zuverlässigkeit der Berichte, von denen es abhängt, so wie seiner Wahrnehmungen, ohne zu wissen oder zu erwägen, daß ihr Inhalt von der Mangelhaftigkeit unserer geistigen Werkzeuge bedingt und getrübt wird; nur dieses Naturkind glaubt an die Vollständigkeit der Vorkenntnisse, mit denen es seine Beobachtungen wagt. Ihm wird vielleicht auch der Grundgedanke des § 98 genügen, welcher davon ausgeht, daß in der Regel der Irrthum bei Geschäften keine Rolle spielt und nur ausnahmsweise zu einem unerwünschten oder nicht völlig erwünschten Acte hintreibt. Anders denkt derjenige, der sich des Bibelwortes erinnert, daß unser Wissen Stückwerk ist, der mit Lessing nur nach der Wahrheit strebt, nicht aber glaubt, sie erwerben zu können, der mit Schiller annimmt, daß keine sterbliche Hand den Schleier der Wahrheit hebt, und der endlich mit Goethe davon überzeugt ist, daß der Mensch irrt, solang er strebt. Aber auch wenn wir aus dem Reiche der Dichtung in das nüchterne Börsengetümmel hineintreten und uns die Frage aufwerfen: „Wie viele von den hier abgeschlossenen Geschäften würden unterbleiben, wenn die Contrahenten vorher die ihnen unbekannten Curse aller andern Handelsplätze mit Sicherheit vor Augen hätten?“ so werden wir uns darüber klar werden, was der § 98 bedeutet. Betrachtet man ihn unter der Lupe der Logik und übersetzt seinen Inhalt in das „Volksthümliche“, so lautet er: „Keine Willenserklärung ist vor Nichtigkeit sicher.“

---

70) Minder fromme Gemüther haben hieraus den Satz geformt: „Was Du auch thust, es wird Dich gereuen.“

Dies wollen die Redactoren ganz gewiß nicht sagen; darüber lassen die „Motive" keinen Zweifel übrig. Allein eben weil sie es nicht sagen wollen, so kann der § 98 nicht bestehen bleiben, in welchem auch ihr eigener Wille mit seiner Erklärung in Widerspruch gerathen ist.

Man wird sich auf § 102 berufen und behaupten, daß er den § 98 in heilsamer Weise einschränke.

Dies führt uns zu dem Begriffe des „Beweggrundes" und damit zur psychologischen Seite der Frage.

b) Prüfung des Entwurfs nach allen Gesetzen menschlichen Handelns (psychologische Prüfung).

§ 7.

Was von der Logik gesagt ist, gilt auch von der Psychologie. Der Gesetzgeber darf sie weder überschätzen noch unterschätzen. Eine Ueberschätzung würde vorliegen, wenn er aus den Gesetzen menschlichen Handelns seine Vorschriften für dasselbe finden wollte, die sie ebenso wenig ergeben können, wie die im Flusse entstehende Insel unserm Auge verräth, nach welchen Grundsätzen der Jurist sie zu behandeln verpflichtet ist.

Der soeben gerügte Fehler ist zwar nicht immer von der neueren Wissenschaft vermieden worden, wohl aber von den Verfassern des Entwurfs[71]).

[71]) Dieses Herauslesen von Rechtssätzen aus bloßen Thatbeständen ohne Prüfung der Frage, ob denn der Gesetzgeber oder die Gewohnheit Anlaß genommen haben, an diese Thatbestände Rechtsfolgen anzuknüpfen, gilt als naturrechtlich, aber es ist schlimmer als das, es ist willkürlich. Nach einer solchen Methode arbeitet auch Werthauer, Ueber den Einfluß des Irrthums auf Verträge. Breslau 1887. Dieser eignet sich ausdrücklich die Ergebnisse der Schrift des Verfassers an, welche auf Quellenauslegung beruhen (S. 83 ff.) Ihre Quellenmäßigkeit aber glaubt er ungeprüft anzweifeln zu dürfen (S. 26 Anm. 1). Er sucht sie statt dessen aus psychologischen Obersätzen abzuleiten. Wenn freilich geschichtliche Thatsachen aus den Quellen her erst einmal aufgedeckt sind, so ist es nicht allzu schwer, sie nachher aus aprioristischen Deductionen nochmals zu entdecken. Wenn die Ergebnisse der Irrthumslehre des Verfassers in den Augen Werthauer's wirklich so brauchbar zu sein scheinen, daß er sie zum Reichsrechte erhoben zu sehen wünscht, dann muß W. auch zugeben, daß sie den Quellen entsprechen; denn eine vollständige Vertragslehre, welche zugleich brauchbar und in sich widerspruchslos ist, kann ein einzelner Mensch sich überhaupt nicht ausdenken; so etwas kann nur in einer vielhundertjährigen Praxis im Zwange der Lebensbedürfnisse entstehen. Der stillschweigende Vorwurf Werthauer's, daß des Verf. Ansicht nicht quellenmäßig ist, enthält somit ein überschwängliches Lob in sich, dessen Inhalt als völlig undenkbar zurückgewiesen werden muß.

Der entgegengesetzte Fehler aber, die Unterschätzung der Psychologie, liegt darin, daß man etwas psychologisch Unmögliches sagt, also einen unausführbaren Rechtssatz aufstellt, wie dies in der That von der Wissenschaft in der Lehre von den „Beweggründen“ geschehen ist[72]).

Ob der Entwurf diesen Fehler vermieden hat, kann bezweifelt werden. Es wird alles davon abhängen, wie man den § 102 auslegt:

„Ein Irrthum in den Beweggründen ist, sofern nicht das Gesetz ein Anderes bestimmt, auf die Gültigkeit eines Rechtsgeschäftes ohne Einfluß.“

Nach der Meinung des Verfassers steht dieser Paragraph nach seinem Wortlaut nicht mit § 98 in Widerspruch.

Man hebt hervor (namentlich hat es der Verfasser selbst gethan)[73]), daß der Irrthum nirgends anders liegen kann, als in den Beweggründen der Erklärung, daß also jede falsche Vorstellung, die zu einer Erklärung treibt, auch ein irriger Beweggrund ist.

Das ist gewiß ganz unzweifelhaft und gilt auch bei Irrthümern über Person, Gegenstand und Geschäftsart. Auch bei ihnen ist der Glaube, daß man das Erwünschte rede, während man in Wahrheit etwas Unerwünschtes sagt, ein falscher Beweggrund der Erklärung[74]).

---

[72]) Vgl. Leonhard, Göttingische gelehrte Anzeigen 1883 S. 185 ff. „Daß ... ein Erfolg dann nicht gewünscht und auch nicht gewollt ist, wenn der Handelnde ohne eine falsche Vorstellung, welche ihn trieb, die Handlung unterlassen haben würde, und also ein jeder entscheidende irrige Beweggrund eines Contrahenten zur Folge hat, daß der Rechtserfolg der Erklärung von ihm nicht gewollt ist, ist die gemeine Ansicht des Lebens und ein unbestreitbares Theorem der exacten Philosophie. Die moderne Jurisprudenz bestreitet aber diesen Satz.“ Vgl. hierzu auch Dernburg, Pandekten I § 94.

[73]) Leonhard, der Irrthum ꝛc. I S. 252 ff., vgl. hierzu auch Werthauer Ueber den Einfluß des Irrthums auf Verträge. Breslau 1887 S. 15 und hierzu Lotmar (Krit. V.-J.-Schr. Bd. 31 S. 304 ff), vgl. ferner Windscheid, Pandekten 6. Aufl. I § 76a und Graf Pininski a. a. O. II S. 480 ff., bes. S. 483 A. 1. Dernburg, Pandecten Bd. I § 94, 2. Aufl. S. 216 definirt „Vorgedanken, welche den Abschluß veranlassen, deren Verwirklichung aber für das Geschäft nicht essentiell ist, nennt man Bewegungsgründe oder Motive“. Der Nichtjurist nennt aber auch die essentiellen Vorgedanken so.

[74]) Die meines Erachtens völlig unhaltbare Lehre des Irrthums in den bloßen Beweggründen findet sich freilich ihrem Wortlaute nach schon bei Savigny (System Bd. III S 99 ff.) und auch im preußischen Landrechte § 145 ff. I 4 Allein sowohl Savigny als auch das Landrecht verbanden mit ihr einen ganz andern Sinn, als ihr jetzt untergelegt wird. Dies ist ausgeführt bei Leonhard, der Irrthum Bd. II S. 543 ff.

Daraus folgt aber keineswegs, daß § 98 und 102 sich widersprechen.

Da nämlich § 102 ausdrücklich nur von solchen Beweggründen spricht, von denen das Gesetz nichts Besonderes bestimmt[75]), so redet er auch nur von solchen Beweggründen, von denen der § 98 nichts anderes bestimmt; denn auch der § 98 soll Gesetz werden.

Wir finden also im Entwurfe zwei Arten von Beweggründen:

a) die Beweggründe, von denen § 98 spricht,

b) die Beweggründe, von denen § 98 nicht redet; diejenigen des § 102.

Die ersteren sollen, wenn sie falsch sind, Nichtigkeitsgründe sein, die letzteren nicht.

Man könnte vielleicht zweifeln, ob es denn im Hinblicke auf die weite Fassung des § 98 überhaupt noch falsche Beweggründe giebt, die nicht unter sie fallen.

Allein dieser Zweifel würde unberechtigt sein.

Der § 98 spricht doch nur von solchen falschen Beweggründen, die eine „Nichtübereinstimmung von Willen und Erklärung" in sich schließen, d. h. zu einer unangenehmen Enttäuschung hintreiben.

Daneben giebt es aber auch ein „holdes Irren", d. h. angenehme Enttäuschungen (so, wenn die gekaufte Sache, welche nach des Käufers Meinung bloß vergoldet war, in Wahrheit golden ist) oder wenigstens gleichgültige Enttäuschungen (z. B. wenn eine falsche Sorte Wein statt der bestellten ankommt, die erstere jedoch dem Käufer ebenso genehm ist, wie diese)[76]), endlich auch Enttäuschungen von minderer Bedeutung, welche der Käufer lieber trägt, als daß er das Geschäft auflöst (so, wenn das antiquarisch gekaufte, vergriffene Buch Wasserflecken hat)[77]). Dadurch, daß gewisse Eigenschaften zu den dicta promissa gehören, sind sie noch keineswegs Gültigkeitsbedingungen.

Alle diese irrigen Beweggründe, welche zu angenehmen oder gleichgültigen Enttäuschungen führen, fallen meines Erachtens unter § 102, während die Quellen derjenigen Enttäuschungen, welche das Geschäft als völlig unerwünscht erscheinen lassen, Nichtigkeitsgründe sein sollen.

---

[75]) Nach der Definition Dernburg's a. a. O. S. 216 würde der § 102 eine reine Tautologie enthalten.

[76]) Weitere Beispiele in Seuffert's Archiv Bd. III Nr. 165, 169. IV Nr. 20.

[77]) Vgl. auch Seuffert's Archiv Bd. XX Nr. 118, XXII Nr. 214.

In diesem Sinne ausgelegt, enthält der Entwurf keinen Verstoß wider die Beobachtungen der Psychologie.

Der Verfasser fürchtet nur, daß man bei dieser Auslegung nicht stehen bleiben, sondern die ältere Theorie in den Entwurf hineintragen wird. Mag man immerhin die Protocolle des Entwurfs verheimlichen, man wird damit doch nicht verhindern können, daß die Ausleger die Gedanken der Wissenschaft, welche dem Entwurfe vorherging, in ihn hineintragen, und noch weniger, daß man die „Motive" gegen den Gesetzestext in das Feld führen wird.

Dazu würde eine dringende Veranlassung sich bald ergeben. Der § 98 giebt, wenn man ihn beim Worte nehmen will, den Parteien ein so weit gehendes Anfechtungsrecht wegen aller möglichen irrigen Voraussetzungen (z. B. der Eigenschaften der Waare, des angeblichen Standes der Curse und dergl. mehr), daß man, falls der Entwurf Gesetz werden sollte, sich schleunigst nach der Möglichkeit umsehen wird, diesen § 98 thunlichst einzuschränken[78]). Da wird man denn nach § 102 greifen und dem Wortlaute des Gesetzes zuwider sagen, daß die irrigen Beweggründe des § 102 nicht neben denjenigen des § 98 stehen, sondern die letzteren einschränken sollen, d. h. daß der § 98 nur gilt, soweit er nicht in § 102 widerrufen ist.

Daß der Verfasser hier nicht etwa eine überflüssige Befürchtung ausspricht, ergiebt sich daraus, daß schon jetzt, noch ehe der Entwurf gilt, dieser Weg bei seiner Auslegung eingeschlagen wird.[79])

Für ein solches Verfahren spricht auch die Erwägung, daß der § 102, anders ausgelegt, überflüssig sein würde. Daß eine Thatsache unerheblich ist, „sofern nicht das Gesetz etwas anderes bestimmt", ist eine Binsenwahrheit. Das gilt von unrichtigen Beweggründen ebenso wie von beliebigen Thatsachen, seien es nun Erdbeben oder Feuersbrünste oder sonst irgend welche Ereignisse.

Damit kommt man dann aber auf die Theorie zurück, welche eine psychologische Unmöglichkeit in sich schließt, nämlich die Lehre, daß der Mensch nur dann ein Geschäft nicht will, wenn er über den anordnenden Kern der Erklärung (über das, was bestimmt werden soll), irrt, nicht aber, wenn er über die für ihn ausschlaggebenden thatsächlichen Vor-

---

[78]) Beispiele solcher frivolen Einreden finden sich in Seuffert's Archiv II, 20, IV, 28, XVI, 36, XXXVIII, 101.

[79]) Vgl. Hellmann a. a. O. S. 499, Meischeider, die alten Streitfragen gegenüber dem Entwurfe u. s. w., 1889, S. 24.

bedingungen eines Geschäftswillens (Beweggründe im engeren Sinne) sich täuscht. Nach dieser Lehre will ich zwar ein Haus nicht haben, wenn ich es mit dem Nachbarhause verwechsle, aber ich will es sehr wohl erwerben, wenn ich nicht weiß, daß sich in demselben Hause, von dem ich rede, ohne mein Wissen der Schwamm befindet, und es in Folge dessen für meine Zwecke völlig unbrauchbar ist. Im ersten Falle ist der falsche Beweggrund, daß das erwähnte Haus dasselbe ist, wie das gewünschte, ein „Mangel der Absicht", im zweiten ein „bloßer" falscher Beweggrund.

Wie diese Theorie, welche man dem Nichtjuristen niemals begreiflich machen wird, entstanden ist, ist klar. Man wußte sich nicht anders mit den Pandektenstellen zurecht zu finden, als wenn man sie annahm, und rief so gewissermaßen zur Unterstützung der Exegese den Willen der Privatleute zu Hülfe. Diese Privatleute müssen jetzt in den modernen Lehrbüchern dasjenige wollen, was nöthig ist, damit man das corpus juris erklären kann.

Noch jetzt sieht sich der Verfasser bei aller Hochachtung vor den Vertretern dieser Lehre genöthigt, zu behaupten, daß deren Inhalt nicht der Beobachtung des wirklichen lebendigen Menschen abgelauscht ist, dessen Seele diesen Unterschied zwischen „fehlender Absicht" und „sonstigen fehlenden Beweggründen" nicht kennt, sondern einem Homunculus, der im Studierzimmer aus Bücherstaub und Lampendunst herausgewachsen ist und immer genau dasjenige will, was die Theorie von ihm verlangt. Durch Einzelbeobachtung eines Gebildes der eigenen Phantasie soll hier eine Frage gelöst werden, die in Wahrheit nur auf Grund einer Massenbeobachtung lebendiger Menschen eine Antwort finden kann.

Sollte diese Lehre im Gesetzbuche einen unzweideutigen Ausdruck erlangen, so wird sich doch das Wesen der menschlichen Seele deshalb nicht ändern. Jetzt befinden sich die wirklichen Menschen, welche sich auf dem Markte des Lebens herumtummeln, von dem Wissensqualme der modernen juristischen Psychologie gänzlich unbeschwert, mit ihrem Empfinden und Wollen nur im Widerspruche mit der Weisheit des Katheders und der maßgebenden wissenschaftlichen Werke. Wenn aber die Schulweisheit zum Gesetzbuchsinhalte werden sollte, so werden die Armen das Schicksal erdulden müssen, in ihrem Seelenleben mit dem Gesetzbuch ihres Vaterlandes sich in einem Widerspruche zu befinden, dessen Lösung ihnen bei aller Loyalität durch die Natur des menschlichen Geistes abgeschnitten sein würde.

Sie werden sich hoffentlich dadurch in ihrer Unternehmungslust nicht beeinträchtigen lassen. Niemals aber werden sie die Fähigkeit erlangen, so zu denken und zu wollen, wie es jener juristische Kunstmensch thut, aus dessen Seele das Willensdogma seine Argumente entnimmt.

III. Durchführbarkeit des Entwurfs (praktische Prüfung).

a) Der Werth des Entwurfs für die Rechtspflege (gerichtliche Brauchbarkeit).

§ 8.

Der Entwurf würde, wenn er Gültigkeit erlangen sollte, an einer Undurchführbarkeit nicht scheitern.[80]) Unsere Rechtspfleger haben eine so vortreffliche Vorbildung, daß sie mit jedem, auch dem unvollkommensten Gesetzbuche fertig werden würden. So würde sich denn auch der Most der besprochenen Paragraphen in den Köpfen unserer Richter schließlich doch zu einem genießbaren Wein abklären.

Der Entwurf verweist den Richter auf eine Fiction, die nicht ohne Vorbild in den Quellen ist.

Bei der Urtheilsfällung soll die Frage beantwortet werden, ob der Irrende bei Kenntniß der Sachlage die Erklärung abgegeben haben würde. In der Regel wird man dies nicht wissen können. Weder der Richter kann es ermitteln, noch die Zeugen, vielleicht am wenigsten der Irrende selbst. Wer wäre wohl ein so treuer Diener des delphischen Gebots der Selbstkenntniß, daß er die Bedeutung seiner Beweggründe nachträglich richtig beurtheilen könnte? Gewöhnlich schieben die Leute ihren Handlungen postnumerando weit edlere Ziele unter, als sie sie wirklich hatten. Sie glauben aus Liebe wohlthätig gewesen zu sein, während sie der Eitelkeit fröhnten, sie glauben für das Gemeinwohl oder die Wahrheit gekämpft zu haben, während sie der Rachsucht nachgaben, sie glauben gerecht gewesen zu sein, wo sie nur grausam waren. Wer kann also wohl mit Bestimmtheit behaupten, daß er eine gewisse Handlung begangen oder unterlassen haben würde, wenn er dies oder jenes gewußt hätte? So greift z. B. manche lebenslustige Studentengesellschaft gern nach einer falschen Zeitungsnotiz über einen bevorstehenden Gedenktag, um für diesen die Mittel zu einem Zechgelage zu bestellen. Ohne den Irrthum würden sie vielleicht für denselben Tag eine andere causa bibendi gefunden haben, vielleicht auch nicht. Sie können das selbst später nicht wissen.

---

[80]) So richtig Meischeider, die alten Streitfragen, Berlin, Guttentag, 1889, S. 22.

Mit einem Worte: Der Richter soll nach einer völlig räthselhaften, unergründlichen Größe urtheilen, nach demjenigen, was geschehen sein würde, wenn irgend ein Umstand anders gewesen wäre, als er war, nach einer Größe, deren Ergründung alle diejenigen grundsätzlich vermeiden, die sich um das Vergangene nicht viel bekümmern, und deren Denkbarkeit von allen Anhängern der Prädestinationslehre mit Entschiedenheit verneint werden wird. Auch mit dieser Lehre setzt sich der Entwurf in einen stillschweigenden Widerspruch.

Wie wird sich der Richter nun hierzu stellen? Er wird natürlich die unfaßbare Größe fingiren; denn das ist ihm nun einmal anbefohlen. Da er aber hierbei freie Hand hat, so wird er in der Regel diese ihm überlassene Willkür zum Besten des Gemeinwohls ausüben und thatsächlich die richtige Lehre anwenden, von welcher der Verfasser glaubt, daß sie instinctiv auch denjenigen vorschwebt, welche sie mit Lebhaftigkeit bestreiten, d. h. er wird sich im Zweifel an das Verkehrsübliche halten. Dies ist ja auch eine schwer erkennbare Größe, aber sie liegt doch wenigstens außerhalb des richterlichen Beliebens. Da, wo also ein Irrthum so beschaffen ist, daß seine Hervorkehrung als Nichtigkeitsgrund verkehrsüblich erscheint, da wird man annehmen, daß die Abwesenheit eines Irrthums diesen concreten Menschen von dieser concreten Erklärung abgehalten haben würde. Wo das Gegentheil der Fall ist, wird man das Gegentheil annehmen und Alles zum Besten kehren.

So wird der verständige Richter handeln. Wird es aber nicht wohl auch andere Richter geben, welche glauben, daß sich etwas unter allen Umständen wirklich finden lassen muß, sobald der Gesetzgeber befiehlt, es zu suchen, und welche dem Wanderer vergleichbar, der nach einem utopischen Lande späht, mit rastloser Qual nach der in der Wirklichkeit nicht auffindbaren, aber im Gesetze erwähnten Größe forschen werden? Stellen wir uns einen grübelnden Rechtspfleger vor, welcher im Jahre 1899 darüber nachsinnt, was der Herr Maurermeister Friedrich Irrgang in Berlin am 7. April 1893 Nachmittags 5½ Uhr nach der in seinem Vorleben bethätigten Denkart gewollt haben würde, wenn er damals gewußt hätte, daß der von ihm angenommene Geselle schon zwei Mal vorbestraft war. Wird es nicht aber vielleicht auch Anwälte geben, welche sich diese herrlichste Gelegenheit zu dialektischer Akrobatik nicht entgehen lassen werden und in unserer Zeit, welche namentlich in Frankreich und Rußland in der Kunst des psychologischen Romans die außerordentlichsten Vorbilder bietet, nicht darauf werden verzichten wollen, auch in den Irrthumsprocessen über den Seelenzustand des Klägers oder des

Verklagten, wie er bei einem Vertragsschlusse war oder gewesen sein würde, die scharfsinnigsten und beredtesten Schilderungen vom Stapel zu lassen, um dem hierdurch förmlich hypnotisirten Richter schließlich ihren Antrag zu suggeriren?

Ob derartige Dinge möglich und also zu befürchten sind, dies soll unbeantwortet bleiben aus Achtung vor den Mitgliedern der hohen Versammlung, zu welcher dieses Gutachten spricht.

Eins kann der Verfasser aber hier nicht unerwähnt lassen, nämlich die verwirrende Kraft, welche das Willensdogma weit über die Irrthumsfrage hinaus der gesammten Vertragslehre einflößt. Sie zu schildern war der Hauptzweck der Schrift des Verfassers (Der Irrthum bei nichtigen Verträgen), und er müßte sich wiederholen, wenn er seine Gedankenreihen hier nochmals vorführen wollte.

Nur in einer Hinsicht möchte er seine Schrift ergänzen: durch einen Hinblick auf die ältere gemeinrechtliche Praxis. Daß er ihn früher unterlassen hat, ist ihm zum Vorwurfe gemacht worden.[81])

Wenn dies eine Unterlassungssünde war, so ist sie nicht ungesühnt geblieben; denn durch sie ist des Verfassers Lehre ihrer kräftigsten Beweismittel verlustig gegangen.

Die gemeinrechtliche Praxis erweckt den Gesammteindruck, daß sie die Irrthumsfrage überall als Auslegungsfrage behandelt, und selbst dort, wo sie die Redeweise einer unhaltbaren Theorie benutzt, sich doch des rechten Weges wohl bewußt ist. Wir finden sogar Aussprüche, welche auf den richtigen Grundgedanken der Irrthumslehre geradezu hindeuten.

So sagt das Obertribunal von Stuttgart in dem Urtheil vom 28. Juni 1853 (Seuffert's Archiv Bd. VII Nr. 19): „Wo es in Folge der Einwirkung des Irrthums an einer wirklichen Willenserklärung fehlt, da besteht überhaupt kein Vertrag", legt also das Gewicht auf die fehlende erkennbare Anordnung, nicht auf die fehlende Absicht. Das Urtheil des O.A.G. von Rostock (Seuffert's Archiv Bd. XVII Nr. 249) vom 10. October 1860 bezeichnet geradezu den Irrthum, welcher einen Nichtigkeitsgrund bildet, als eine „stillschweigende Bedingung des Eheconsenses", (d. h. also der die Geschäftsgültigkeit anordnenden Aeußerung). Am

---

81) So von Rassow in seiner Recension: Beiträge 1883, S. 762. Der Grund davon, daß der Verf. sich in seiner Schrift auf eine Erörterung der Urtheile des Reichsoberhandelsgerichts beschränkt, war lediglich das Bestreben, seiner Arbeit Grenzen zu stecken. Er erinnerte sich damals des bekannten Ausspruchs Göthe's, daß Bücher niemals fertig werden und daher für fertig erklärt werden müssen.

deutlichsten wird die Erklärungstheorie verfochten in einem Urtheile des Ober-Appellationsgerichts von Dresden aus dem Jahre 1854 (Seuff. VIII, 26). Hier nimmt die dritte Instanz Veranlassung, die zweite, welche sich in die Bande des Willensdogmas verstrickt hatte, über die Unrichtigkeit dieser Lehre gründlich aufzuklären.

Genau dieselbe Aufgabe, die Folgerungen des Willensdogmas, welche sich in die zweite Instanz eingedrängt hatten, in dritter wieder fortzuräumen, löste das Oberappellationsgericht Berlin am 30. October 1873 (Seuffert's Archiv, Bd. XXIX Nr. 215). In seinen Gründen sagt es:

„Im Rechtsverkehr kann der innere Wille nur Bedeutung gewinnen durch die Zeichen, mit denen er sich zu erkennen giebt, und es beruht alle Rechtsordnung gerade auf der Zuverlässigkeit der Zeichen, wodurch Menschen allein in lebendige Wechselwirkung treten können. Daher kann die Nichtübereinstimmung des innern Willens mit einer klaren und unzweideutigen Willenserklärung nur dann störend auf das Zustandekommen eines Rechtsgeschäfts einwirken, wenn sie dem, mit welchem contrahirt wird, erkennbar geworden ist."

Daß die Eigenschaft eines Umstandes, Gültigkeitsbedingung des Geschäfts zu sein, nicht nach dem inneren Willen des Vertragschließenden, sondern „nach dem Vertrage" bestimmt werden muß, ist in dem Urtheile des Reichsoberhandelsgerichts in Leipzig vom 26. September 1873 ausgesprochen worden (Seuffert's Archiv Bd. XXX Nr. 218).

Auch in dem Urtheile des Berliner Obertribunals vom 15. November 1877 (Seuffert Bd. XXXIV Nr. 189) wird das Willensdogma verworfen.

Auch sonst werden eine Reihe von Irrthümern als unbeachtlich zurückgewiesen, denen die Eigenschaft, Nichtigkeitsgrund zu sein, nicht in erkennbarer Weise beigelegt war (vgl. z. B. das Urtheil des O.A.G. von Jena vom 20. Juni 1856, Seuffert, Archiv Bd. XIII, Nr. 142; Urtheil des Reichsgerichts, Entsch. Bd. IV S. 121). Ob eine solche Beilegung erfolgt ist, darüber entscheidet nicht die innere Absicht des Irrenden, sondern der Inhalt der „Hamburger Waarenpreislisten", also die Verkehrssitte (vgl. Urtheil des O.A.G. Lübeck vom 20. Nov. 1847, Seuffert's Archiv Bd. II Nr. 20).

Insbesondere hat das Urtheil des O.A.G. Lübeck vom 23. Mai 1850 den Satz festgestellt, daß Jemand eine Verpflichtung in einem ihm unbekannten Umfange unbedingt auf sich nehmen kann, was von Seiten

Windscheid's auf Grund des Willensdogmas bestritten worden ist,[82]) obwohl ein solches Vorkommniß eine in der Praxis sehr häufige Erscheinung bildet. Ebenso entschied das Obertribunal zu Berlin am 10. September 1868 (Seuff. Arch. Bd. XXV Nr. 227).

Der gleiche Grundsatz ist ferner vom Ober-Appellations-Gericht zu München am 17. März 1870 (Seuffert's Arch. XXIX, 84) anerkannt worden, ebenso in dem Urtheile des Ober-Appellations-Gerichts zu Berlin vom 26. Januar 1874 (Seuffert's Arch. Bd. XXIX Nr. 229), desgleichen in demjenigen des Obertribunals von Stuttgart vom 26. September 1874 (Seuffert's Archiv Bd. XXXI Nr. 109).[83])

Dagegen hat allerdings die erwähnte Ansicht Windscheid's, welche diesen Urtheilen widerspricht, in einem Erkenntniß des Ober-Landesgerichts zu Stuttgart vom 17. December 1881 (Seuff. Arch. Bd. XXXVII Nr. 288) Anerkennung gefunden, ein Beweis dafür, daß in allerneuester Zeit das Willensdogma sich auch die Praxis zu unterwerfen beginnt; (vgl. auch das im Endergebniß richtige, aber in den Entscheidungsgründen nicht befriedigende Urtheil des O.L.G. zu Darmstadt in Seuffert's Archiv, Bd. XXXVIII Nr. 207). Eine grundsätzliche Entscheidung der Hauptfrage wird ausdrücklich vermieden in den Gründen des Urtheils des Reichsgerichts vom 14. Febr. 1883 ebendas. Bd. XXXIX Nr. 228.

Eine entschiedene Stellungnahme in dem Streite zwischen dem Willensdogma und der Erklärungstheorie hat der Verfasser überhaupt in den Entscheidungen des Reichsgerichts nicht finden können.

Andererseits liegen diejenigen Fälle, in welchen die Praxis in einem Irrthume einen Nichtigkeitsgrund anerkannt hat, in der Regel so, daß der Wille des Irrenden, die Abwesenheit des Irrthums als unerläßliche Gültigkeitsbedingung betrachtet zu sehen, nach allgemeinen Auslegungsgrundsätzen in der Erklärung des Irrenden gefunden werden mußte.[84])

---

[82]) Archiv f. civ. Pr. Bd. 63 S. 93. Vgl. auch Zitelmann, dogm. Jahrb. Bd. 16 S 398, 399, 400, und dagegen Leonhard, Der Irrthum, Bd. I. S. 151 und hierüber Förster-Eccius, Theorie und Praxis, 5. Aufl., Berlin 1887, Bd. I. § 30 Anm. 3; jetzt auch Windscheid, Pand., 6. Aufl., § 73, 3, S. 225.

[83]) Vgl. auch das R.O.H.G. in Seuffert's Archiv Bd. XXXIV Nr. 298.

[84]) Vgl. die Urtheile des O.T. zu Stuttgart vom 9. Juni 1841 (Seuffert's Archiv Bd. III Nr. 323), desselben Gerichtshofes vom 9. März 1852 (Seuff. Bd. V Nr. 271) sowie vom 17. October 1860 (Seuff. Archiv XIV, Nr. 47), des Ober-Appellations-Gerichts zu Kiel vom 15. December 1858 (Seuff. Arch. XV, Nr. 12), des Ober-Appellations-Gerichts Jena vom 11. December 1835 (Seuff. Arch. XVI, 33), des Ober-Appellations-Gerichts Cassel vom Jahre 1862 (Seuff. Arch. XVII, 22), des O.A.G. Celle vom 30. März 1860 (Seuff. XVIII, Nr. 224), das Urtheil vom

Eine Herrschaft des Willensdogmas in der Praxis läßt sich also nicht behaupten.

Daß dabei die unhaltbaren Lehren der Theorie auch in der Praxis nicht ohne nachtheiligen Einfluß waren, soll nicht bestritten werden. Es wird hierbei zunächst von solchen Urtheilen abgesehen, deren unvollständige Mittheilung es unmöglich macht, ihre Begründung zu verstehen. (So Seuff. Archiv III Nr. 157, XVI 34, welches letztere wohl eine vox ambigua voraussetzt.) Vielmehr soll nur hervorgehoben werden, daß theils die Gewohnheit, bei jeder Irrthumsfrage zu dem werthlosen Schulregister der errores in persona, re, negotio, substantia zu greifen, zur Folge hatte, daß ganz einfache und übrigens richtige Urtheile mit einem Aufwande von Tiefsinn begründet sind, welcher durchaus umsonst verthan wurde, (vgl. das Urtheil des O.A.G. Cassel vom 14. Februar 1861 XVI 36 und des Reichsgerichts, Entsch. Bd. 19 Nr. 50 S. 264), theils auch die Freude am Schema wahre Mißgriffe erzeugt hat; so z. B. eine ganz handgreifliche Verwechselung der zur Gültigkeitsbedingung des Geschäfts gemachten Eigenschaften mit den dicta promissa, deren Fehlen nach der Abrede nicht eine Geschäftsnichtigkeit, sondern eine bloße Schadensersatzpflicht nach sich ziehen soll. Diese Erscheinung zeigt sich in den übrigens sachlich richtigen Urtheilen des O.A.G. zu Lübeck vom 24. December 1840 (Seuff. X Nr. 147) und des O.A.G. zu Kiel vom 25. Januar 1845 (Seuff. VI Nr. 185).

Wirklich falsche Urtheile, die geradezu auf dem Boden des Willensdogmas stehen, gehören zu den größten Seltenheiten. Dahin sind die beiden oben erwähnten Urtheile zweiter Instanz zu zählen, welche schließlich noch in zwölfter Stunde in Dresden und Berlin verhindert wurden, schädlich zu werden: Seuff. Arch. VIII Nr. 26, XXIX Nr. 215 und das bekannte von Bähr in den dogmatischen Jahrbüchern[85]) gerügte Urtheil, vor Allem aber das erwähnte Stuttgarter Urtheil vom 17. December 1881, welches sich auf die blindlings unterschriebenen Urkunden bezieht[86]).

Auf die Praxis rückblickend sehen wir, daß Lehren, welche in der Wissenschaft als verwerflich gelten, in der Praxis herrschen können, ohne

---

October 1869 in Seuffert's Archiv Bd. 24, Nr. 230, das Urtheil des O.A.G. Berlin vom 24. Nov. 1873 (Seuff. Bd 29 Nr. 118), das Urtheil des obersten Landesgerichts für Bayern vom 28. Februar 1881 (Seuff. Bd. 36 Nr. 257). Hierher gehören auch die Urtheile des Reichsgerichts Entsch. Bd. IV Nr. 95 S. 345, Bd. VI Nr. 79 S. 290, Bd. VII Nr. 26 S. 78, Bd. VIII Nr. 76 S. 297.

[85]) Bd. 14 S. 418.

[86]) Vgl. Seuff. Archiv Bd. 37 Nr. 288.

daß einer der beiden Theile auch nur das Bedürfniß fühlt, diesen Zwiespalt auszugleichen. Wir sehen aber, daß in solchem Falle Praktiker, sobald sie zu Gesetzgebungsaufgaben berufen werden, keineswegs dagegen geschützt sind, in das Schlepptau einer Lehre zu gerathen, welche ihren eigenen Berufsgewöhnungen widerspricht. Die Kunst, allgemeine Grundsätze anzuwenden, und die Gabe, sie in richtige Wortformeln einzukleiden, sind eben zweierlei.

Daß es gerade Praktiker waren, welche als Gesetzbuchs-Verfasser dem Willensdogma die vollste Anerkennung verschafften, erhöht allerdings die Bedeutung des Erfolges, welcher den Verfechtern dieser Lehre zu Theil wurde.

Dabei können wir jedoch die Frage, ob diese Verfasser der Denkart ihrer Berufsgenossen hiermit durchaus entsprochen haben, nicht eher beantworten, bis wir die Stimmen geprüft haben, welche aus der Praxis heraus sich bisher über die allgemeine Irrthumslehre des Entwurfs haben vernehmen lassen.

Dem Verfasser liegen die Urtheile eines Reichsgerichtsraths und dreier Anwälte vor Augen.

Meischeider, Die alten Streitfragen gegenüber dem Entwurfe eines Bürgerlichen Gesetzbuches für das Deutsche Reich, Berlin und Leipzig. Guttentag (Collin) 1889, S. 22, sagt von der Anschauung, auf welche sich die §§ 98 und 102 stützen:

> „daß sie dem praktischen Bedürfnisse und den Anforderungen der Billigkeit entspricht, darf mit Grund bezweifelt werden".

(Dies wird durch Beispiele belegt.)

Vgl. sodann S. 24:

„Wird also in den Entwurf selbst eine der in den Motiven (I, 199) vertretenen Auffassung entsprechende Rechtsnorm, mit welcher die Ausschließung des Irrthums in Eigenschaften der Sache aus dem Bereiche des wesentlichen Irrthums zum Ausdruck gelangt, nicht aufgenommen, so bleibt die Streitfrage unentschieden."

S. 99 heißt es von der Irrthumslehre, daß der Entwurf in ihr „neues Recht aufstellt und damit experimentiren will".

Auch in der Lehre von der Vertragschließung stellt M. fest (S. 19), daß durch den Entwurf „das jetzt in Geltung befindliche Willensdogma große Einbuße erleidet".

„Die in Rede stehenden Sätze sind nicht die einzigen im Entwurf enthaltenen, welche der Aufrechterhaltung des Dogmas Schwierigkeiten machen müssen."

Auf diese Bemerkungen legt der Verfasser um so größeres Gewicht, als sie allem Anscheine nach von seinen eigenen Ausführungen wider das Willensdogma gänzlich unbeeinflußt sind.

Hellmann, in den Gutachten des Anwaltstandes über die erste Lesung u. s. w. Heft 7 bemerkt S. 499 zu § 98:

„daß alle die alten Zweifel über die Frage, wann man sagen könne, daß eine andere Sache oder eine andere Person gewollt war als die erklärte, von Neuem sich erheben müssen, wenn es bei der Fassung des zweiten Satzes verbleibt",

und fernerhin:

„Freilich läßt sich die Schwierigkeit nicht verkennen, welche der Versuch einer Abhülfe bereitet. Allein daß diese Abhülfe dringend geboten sei, darf noch weniger verkannt werden."

Vor Allem aber ist beachtenswerth, daß auch Hellmann zu § 77 dem Willensdogma die Heeresfolge aufkündigt. Das Erforderniß, „daß die Vertragschließenden ihren übereinstimmenden Willen sich gegenseitig erklären", scheint ihm verfehlt zu sein. Wenn man indessen unter dem Willen den Inhalt der erkennbar gewordenen Willensabbilder versteht, so ist gegen das Erforderniß nichts einzuwenden. Daher denn auch der Verfasser dieses Gutachtens mit § 77 einverstanden ist. Hellmann aber, dem neuerdings üblich gewordenen Sprachgebrauche folgend, sieht in dem Willen die innern Absichten und bemerkt in diesem Sinne zutreffender Weise:

„Solange die beiderseitigen Erklärungen nicht vollendet sind, kann eine Uebereinstimmung der Willen nicht bestehen."

Darum schlägt er folgende Fassung des § 77 vor:

„Zur Schließung eines Vertrages wird erfordert, daß die von dem einen Vertragschließenden an den andern gerichtete Willenserklärung von diesem angenommen wird."

Auch gegen diesen Vorschlag vermag der Verfasser von seinem Standpunkte aus nichts einzuwenden, wenn er auch diese Verbesserung nicht für nothwendig hält.

Endlich sollen zum ferneren Beweise dafür, daß das Willensdogma auch in der Praxis keineswegs unumschränkt herrscht, die überaus treffenden Worte von Reatz[87]) angeführt werden.

„Der Wille der Contrahenten ist nicht allmächtig. Er ist zwar ein sehr wichtiger Factor bei der Gestaltung der Privatrechtsverhältnisse,

---

[87]) Gutachten aus dem Anwaltstande über die erste Lesung des Entwurfs eines bürgerlichen Gesetzbuchs S. 170.

allein er ist nicht ausschließlich maßgebend. An unzähligen Stellen fehlt es überhaupt an einem individuellen Willen, er wird ergänzt durch den allgemeinen Verkehrswillen; an unzähligen Stellen fehlt es auch an diesem, und dieser, wie jener, wird ersetzt durch den Willen des Gesetzes; an unzähligen Stellen aber wird der individuelle Wille geradezu unterdrückt und zur Ohnmacht verdammt, weil er sich mit dringenden Anforderungen des öffentlichen Interesses oder der Moral in Widerspruch befindet, und diese Mächte in unserer Rechtsordnung vielfach stärker sein müssen, als der Wille und die Interessen der Einzelnen."

Während diese Ausführungen Reatz's allgemeiner Natur sind, richtet sich Schilling (Aphorismen zu dem Entwurf eines bürgerlichen Gesetzbuches für das Deutsche Reich. Köln 1888. S. 46 ff.) direct gegen das in der Irrthumslehre angenommene Willensdogma. Es heißt daselbst:

„Der Entwurf (§ 98) stellt sich auf den sogenannten subjectiven Standpunkt (Motive S. 198), d. h. er läßt nicht den objectiven Maßstab der Bedeutung des Irrthums und der allgemeinen Schätzung gelten, sondern stellt die Entscheidung auf die individuelle Schätzung des Irrenden. Das ist grundverkehrt, schon wegen der Unsicherheit des gewählten Maßstabes, vor Allem aber, weil die Berücksichtigung solcher innerlichen Mängel einer äußerlich gültigen Rechtshandlung, wie der Irrthum ist, eine Ausnahme von der im Sinne der ausgleichenden, die berechtigten Interessen aller Parteien gleichmäßig berücksichtigenden Gerechtigkeit und der Rechtssicherheit festzuhaltenden Regel ist, daß die Willenserklärungen handlungsfähiger Personen diese insoweit binden, als ihnen nicht ein äußerlich erkennbarer Mangel anklebt, und weil aus Billigkeitsgründen von dieser Regel gemachte Ausnahmen besser eingeschränkt als ausgedehnt werden. Durch den ersten Satz des § 98, welcher sich principiell auf den sogenannten subjectiven Standpunkt stellt, verlieren die Auslegungsregeln des zweiten Satzes den praktischen Werth; und wie durch diese Verschwommenheit selbst die in § 102 sanctionirte Regel der Einflußlosigkeit des Irrthums in den Beweggründen in's Schwanken gerathen kann, davon überzeugt man sich, wenn man das unzusammenhängende und kaum verständliche Gerede der Motive über Irrthum in den Eigenschaften des Gegenstandes und Irrthum in den Beweggründen (S. 199) liest."

Daß also der Hauptwiderspruch wider das Willensdogma aus den Kreisen der Praktiker erschallt, kann nicht wunderbar erscheinen. Sie sind es, welche die Leiden werden beobachten müssen, die es im Verkehrsleben erzeugen muß, welche die Spitzfindigkeiten werden erdulden müssen, durch welche es ihre Berufsarbeit zu erschweren droht. Im Studirzimmer und in der Universitätsvorlesung melden sich freilich solche Uebel nicht. Die Praktiker würden auch wohl schon früher und lebhafter gegen die gefährliche Lehre protestirt haben, wenn sie geahnt hätten, daß sie bereits so gewaltig um sich gegriffen hat und jetzt sogar die Gesetzgebung dazu treiben will, sie der Praxis aufzuzwingen. So soll sich denn jetzt ihre Unterlassungssünde an ihnen rächen, sofern sie sich nicht etwa noch in der zwölften Stunde zu dem Rufe aufraffen: „Caveant consules ne quid detrimenti capiat respublica!“

b) **Der Werth des Entwurfs für die einzelnen Rechtsgenossen (Prüfung der Volksthümlichkeit).**

§ 9.

Ein Gesetzgeber, der bewußt nach Volksthümlichkeit in dem Sinne strebt, daß er des Beifalls wegen das Staatsschiff von der Tagesströmung fortreißen läßt und von der Gunst derjenigen abhängig macht, welche heute „Hosiannah!“ und morgen „Kreuzige!“ rufen, würde keine Billigung verdienen.

Nach dieser Richtung muß man den Verfassern des Entwurfs aufrichtiges Lob spenden.

Nach dem Beifall der Masse haben sie sicherlich nicht gestrebt. Die Sprödigkeit ihrer Denk- und Redeweise erweckt vielmehr ihnen gegenüber das Vertrauen, daß sie von keinem Mißgriffe weiter entfernt waren, als von dem Streben, das Gemeinwohl den Vorurtheilen der Menge zum Opfer zu bringen.

So lobenswerth dies auch erscheint, so darf man doch auch hier den Bogen nicht allzu straff spannen. Wie in jedem Befehlsverhältnisse neben der strengsten Manneszucht eine wohlwollende Theilnahme an dem Befinden der Untergebenen nicht bloß ein Gebot der Klugheit, sondern auch der Menschlichkeit ist, so sollte auch der Gesetzgeber, welcher dem Volke neue Pflichten auflegen will, in der Form seiner Befehle der Fassungskraft und der Denkart, ja sogar dem Wunsche derjenigen, welche sie aufnehmen sollen, so viel wie möglich entgegenkommen. Daß der Entwurf diesen Gesichtspunkt gänzlich vernachlässigt hat, ist behauptet worden[88]);

[88]) Vgl. namentlich Gierke, der Entwurf eines b. G.B. und das deutsche Recht, in Schmoller's Jahrbuch der Gesetzgebung u. s. w. N. F. XIV, Heft 3 u. 4

doch dürfte der Vorwurf, daß den Grundgedanken des Entwurfs die Volksthümlichkeit fehlt, nur bei einzelnen Theilen des Werkes berechtigt sein; und zwar ganz besonders da, wo das „Willensdogma" Anerkennung gefunden hat.

Sollte wirklich unser Juristenstand bereits den Glauben daran verloren haben, daß es Unrecht ist, eine erregte Hoffnung auf die Gültigkeit eines Geschäftes aus Gründen zu enttäuschen, deren Bedeutsamkeit der hierdurch Verletzte nicht vorher ahnen konnte; in der Mehrzahl unseres Volks ist er noch nicht erloschen. Urtheile, welche ihn nicht beachten [89]), werden als bedrückend empfunden. Auf der Höhe seiner wissenschaftlichen Bildung und seiner Machtstellung kann der Richter solches Empfinden vielleicht als Jurist übersehen, als Mensch aber sollte er es nicht unbeachtet lassen. — Daß in schwierigen Rechtsfragen die vox populi eine vox Dei ist, soll damit nicht behauptet werden; wohl aber, daß man sie nicht ohne Grund mißachten soll.

Mehr noch als die Möglichkeit, Geschäfte wegen einer Verwechslung anzufechten, deren Abwesenheit weder nach der Abrede, noch nach dem Verkehrsüblichen Gültigkeitsbedingung des Geschäftes sein soll, wird ein anderer Umstand den Gerechtigkeitssinn des Volkes verletzen.

Es ist dies der behauptete rechtliche Unterschied zwischen der Sachverwechslung und der Eigenschaftsverwechslung. Der Irrthum über die Sache soll wesentlich, derjenige über Eigenschaften unwesentlich sein [90]).

Das steht zwar nicht in dem Entwurfe, wohl aber in den Motiven (I. S. 199). Diese sind zwar nur eine Privatarbeit, aber man weiß, was solche „Privatarbeit" bedeutet [91]). Schon jetzt wird der Entwurf aus ihr in der Irrthumslehre ergänzt [92]).

Diese Behauptung, daß der Irrthum über Eigenschaften niemals die Vertragsabsicht des Irrenden ausschließt, hält der Verfasser für eine der unerfreulichsten Ausgeburten der neueren Gelehrsamkeit. Ihr Gewährsmann ist jener unheimliche Homunculus, den die Gelehrten heraufbe-

---

und hierüber Zitelmann, Die Rechtsgeschäfte im Entwurfe. Berlin, Guttentag, 1889, S. 1 ff.

[89]) Vgl. z. B. das von Bähr (dogm. Jahrb. Bd. 14 S. 418) mit Recht gerügte Urtheil, auch Seuffert's Archiv Bd. 37 Nr. 288.

[90]) Vgl. hierzu auch Pfersche, zur Lehre vom sog. error in substantia, Graz 1880, Bechmann, der Kauf, Bd. 2 S. 450 ff.

[91]) Vgl. die Bemerkung des Reichsgerichts-Senats-Präsidenten Dr. Drechsler in den Verhdl. des 17. Deutschen Juristentages S. 77.

[92]) Vgl. Meischeider a. a. O. S. 24.

schworen haben, damit er über den Inhalt des menschlichen Willens eine Auskunft ertheile, welche mit den Ergebnissen der Beobachtung der echten, lebendigen Menschen im vollsten Widerspruche steht.

Es war in Rom verkehrsüblich und ist es noch heute, daß bei gewissen fehlenden, besonders wichtigen Eigenschaften das ganze Geschäft nicht gelten soll[93]). Daß dies dem Parteiwillen nicht entspricht, ist eine Behauptung, deren Unrichtigkeit jeder durch Nachfragen in den Kreisen der Verkehrtreibenden mit leichter Mühe feststellen kann. Niemand kauft an den Sachen etwas anderes als ihre Eigenschaften; für das „Ding an sich" zahlt kein vernünftiger Mensch auch nur einen Pfennig. Wenn die Flasche Wein, welche ich gekauft habe, Essig enthält, so fällt eine zwar nicht ausdrücklich gesetzte, aber verkehrsübliche Gültigkeitsbedingung der Abrede aus. Ebenso, wenn die als goldene gekaufte Uhr bloß vergoldet ist, und dergl. mehr[94]).

Wenn in allen solchen Fällen die irrenden Parteien sich mit dem bloßen Anspruche auf Schadensersatz wegen fehlender dicta promissa und den ädilicischen Rechtsmitteln begnügen sollen, so wird dies vielleicht manches Mißvergnügen erregen.

Dieser Uebelstand möchte freilich wohl noch am meisten zu ertragen sein. Die Gründe, welche für die kurze Verjährung der actio redhibitoria sprechen, ließen sich vielleicht durch Verallgemeinerung auf alle Nichtigkeitsklagen wegen Irrthums anwenden. Beweiserhebungen über Irrthümer verlieren in der That nur gar zu bald ihre Zuverlässigkeit. Freilich kommen Eigenschaftsirrthümer nicht bloß bei Kaufgeschäften, sondern auch bei Pachtungen und anderen Verträgen in Frage.[95])

Ein anderer viel größerer Nachtheil entspringt aus der grundsätzlichen Unterscheidung des Irrthums über eine Sache oder eine Person von demjenigen über ihre Eigenschaften. Die Abgrenzung der Begriffe „Identität" und „Eigenschaft", sowie die Bestimmung des Begriffes „Eigenschaft" gehört zu den schwierigsten Fragen der Erkenntnißlehre.[96])

---

93) Vgl. jetzt auch Graf Piniński a. a. O. Bd. II S. 511 ff.

94) Vgl. hierzu auch Werthauer, Ueber den Einfluß des Irrthums auf Verträge. Breslau 1887, S. 63 ff.

95) Vgl. Seuffert, Archiv Bd. 16 Nr. 35.

96) Vgl. Leonhard, der Irrthum, Bd. II S. 438 A. 2, Zitelmann, Irrthum und Rechtsgeschäft S. 442, und hierzu (für Zitelmann) jetzt Graf Piniński, a. a. O. Bd. II S. 501, 502 Anm. 1, auch Werthauer a. a. O. S. 68. Entsch. des R.G. Bd. 20 S. 95.

Das kanonische Recht hat sich nicht gescheut, dem Volke und der Rechtspflege eine solche Unterscheidung zuzumuthen, daher denn die Irrthumslehre des Eherechts ohne sie nicht begriffen werden kann.[97])

Wollen wir uns nun aber wirklich im neuen Deutschen Reiche jene scholastischen Denker zum Vorbilde der Rechtspflege nehmen, welche die lebendige Welt „kaum durch die Fensterscheiben" zu betrachten pflegten?[98])

Welche unsägliche Fülle von Spitzfindigkeiten würden wohl in den gerichtlichen Verhandlungen zu Tage treten, wenn es wirklich darauf ankäme, ob irgend ein Umstand, über welchen geirrt worden ist, die bloße Eigenschaft einer Sache ist, oder ihr Identitätsmerkmal. Würde sich dann nicht ein Sachwalter finden lassen, der, sobald z. B. die Course gekaufter Papiere gefallen sind, den Kauf mit der Behauptung anfechten würde, daß die Eigenschaft, Coursschwankungen zu widerstehen, für den Käufer ein Identitätsmerkmal derjenigen Sachgattung gewesen wäre, welche er eigentlich hätte erwerben wollen? Dieses Beispiel läßt sich mit leichter Mühe verhundertfachen.

---

[97]) Vgl. Leonhard, der Irrthum Bd. II S. 413 ff.

[98]) Leonhard, der Irrthum, Vorwort S. XI, hatte bemerkt, daß die Grenzscheide zwischen dem Irrthume im „Geschäftswillen" und demjenigen im „Beweggrunde" „durch ein Labyrinth psychologischer Vorgänge" führt, „in welchem sich heimisch zu fühlen dem Durchschnitte der Juristenwelt niemals gelingen wird". Witte (Das Wesen der Seele, Halle a. S., Pfeffer, 1888) bemerkt hiergegen, Vorwort S. XI: „Uns erscheint es denn doch, als ob ein juristischer Gelehrter weitergehende philosophische Interessen als der Durchschnitt der Juristenwelt haben sollte." Witte hat offenbar die Seite 86 in des Verf. Schrift nicht gelesen, in welcher es heißt: „Nur um seine Auslassungen vor böswilligen Entstellungen zu schützen, betont der Verfasser ausdrücklich, daß nach seiner Meinung eine gründliche philosophische Vorbildung die Voraussetzung auch der juristischen dogmatischen Thätigkeit ist." Daß ein für Juristen geschriebenes Werk von Seiten eines Philosophen die Ehre einer Beurtheilung erfahren soll, erwartet gewiß sein Verfasser nicht. Wenn ihm jedoch ein solcher Vorzug zu Theil wird, so darf er sich vielleicht dabei der Erwartung hingeben, daß nicht Verwechselungen vorfallen, wie sie Witte in der oben angeführten Stelle zwischen den Vorarbeiten des Dogmatikers und der Fassung seiner für die Praxis bestimmten Sätze begangen hat. Die ersteren sollen sich über die Leistungen des Durchschnitts erheben (auch in philosophischer Hinsicht), die letzteren aber diesem Durchschnitte faßlich sein. Ferner darf wohl jeder Schriftsteller erwarten, daß ein philosophischer Kritiker, welcher sich berufen fühlt, Collegen einer anderen Facultät Zeugnisse über ihre Belesenheit auszustellen, nicht die Mühe scheue, wenigstens diejenigen Capitel des beurtheilten Buches, aus denen er einzelne Stellen zur Besprechung herausnimmt, gänzlich durchzulesen. Das entgegengesetzte Verfahren Witte's erklärt wenigstens, warum er eine vom Verf. ausgesprochene und ihm nicht zusagende Beurtheilung Hegel's auf einen Mangel an Belesenheit ihres Urhebers zurückzuführen zu müssen glaubt (a. a. O. Vorrede S. VIII").

Man halte nicht eine solche Befürchtung für die Ausgeburt einer parteilichen Phantasie, sondern blicke nur auf die Geschichte des kanonischen Rechts in der Irrthumslehre bei Eheschließungen.[99]). Dort hat der menschliche Scharfsinn aus dem bei Nichtigkeitsklagen zulässigen error personae einen error qualitatis in errorem personae redundans gemacht und unter dem letzteren Irrthume schließlich alle möglichen und unmöglichen Fälle falscher Voraussetzungen in den Kreis der Nichtigkeitsgründe hineingezogen.[100])

Man braucht keine Prophetengabe zu besitzen, um eine gleiche Entwickelung auf dem Gebiete des Vermögensrechts für den Fall vorhersagen zu können, daß der Irrthum in den Beweggründen auch nur in den „Motiven" des Entwurfs grundsätzlich für gleichgiltig erklärt werden sollte.[101])

Was jedoch in den seltenen Fällen der Nichtigkeitsklagen wider Eheschließungen verhältnißmäßig ungefährlich war, würde in den häufigen ähnlichen Erscheinungen des Verkehrsrechtes unerträglich werden.

c) Der Werth des Entwurfs für den Rechtsunterricht (Prüfung der Lehrkraft).

§ 10.

Der Leser der Ueberschrift dieses Paragraphen wird es vielleicht für unbescheiden halten, daß ein Rechtslehrer in der Erörterung gesetzlicher Bestimmungen es wagt, auch den besonderen Bedürfnissen seines eigenen Berufs ein Plätzchen zur Besprechung zu gönnen.

Hat man es doch öffentlich als einen Uebelstand hervorgehoben, daß gerade die Rechtslehrer es an der erwünschten Anerkennung des Entwurfs haben fehlen lassen.

Es mag in diesem Vorwurfe vielleicht etwas Richtiges liegen. Jeder ist am unduldsamsten hinsichtlich derjenigen Fähigkeiten, welche gerade

---

[99]) Leonhard a. a. O. S. 416 ff. und die dort S. 417 Anm. 1 Citirten.

[100]) Daß der Nichtbesitz von Zahlungsmitteln Eigenschaft einer Person ist, hat das Reichsgericht angenommen (E. Bd. 12 Nr. 22 S. 104); daß die Bebaubarkeit für einen bestimmten Preis eine Grundstückseigenschaft ist, dagegen verneint (E. Bd. 19 Nr. 50 S. 264). Den Begriff der Eigenschaft bestimmt es sehr weit im Bd. 20 der Entscheidungen S. 95. Nach des Verf. Meinung darf auf keinen Fall eine Proceßentscheidung davon abhängen, ob ein Anwalt im Stande ist, eine Thatsache als Eigenschaft einer Sache darzustellen, sonst wird jeder Recht behalten, der nur eine Zunge hat. Alle Dinge stehen in Wechselwirkung und lassen sich bei genügender dialektischer Gewandtheit als gegenseitige Eigenschaften darstellen.

[101]) Vgl. hierzu auch Hinschius, Archiv f. civ. Pr. Bd. 74 S. 72.

er unausgesetzt übt. Und so mag denn der Mangel an Leichtigkeit in der Ausdrucksweise auf dem Gebiete allgemeiner Rechtssätze, welcher allerdings dem Entwurfe anhaftet, dem Empfinden derjenigen am meisten wehe gethan haben, welche in der Kunst der Formgebung sich unausgesetzt in Wort und Schrift auszubilden genöthigt sind.

Allein trotzdem beweist die Lebendigkeit der Proteste, welche gerade aus diesen Kreisen hervorgegangen sind, die Uneigennützigkeit ihres Empfindens. Je unklarer und lückenhafter ein Gesetzbuch ist, desto höher steigt der Werth und der Einfluß derjenigen, die dazu berufen sind, sein Verständniß zu vermitteln. Wenn gerade sie eine minder bedeutsame Rolle begehren, als ihnen zugedacht ist, so wird man sie deshalb nicht tadeln dürfen.

Hier soll es sich jedoch nicht um die Lehrer, sondern um die Lernenden handeln. In ihrem Gedeihen liegt eine der wichtigsten Bedingungen des innern Zusammenhaltes unseres Vaterlands. Die Grundgedanken, in denen sie erzogen werden müssen, — und dazu gehören die Gesetzestexte —, können in Klarheit, Zweckmäßigkeit und Verständlichkeit gar nicht hoch genug stehen; denn die Hauptaufgabe des Rechtsunterrichts kann ohne das nicht gelöst werden. Diese erblickt der Verfasser in einer steten Steigerung der Liebe zum Rechte und der Einsicht in seine Gemeinnützigkeit, sowie der Freude an dem Gedanken, durch seine Anwendung dem Gesammtwohle später dienen zu können.

Darum strebt auch der Rechtsunterricht schon seit Decennien aus jener fühllosen und formalistischen Behandlung der Rechtslehre hinaus, welche eine Folge der ungeschichtlichen und unpraktischen Bücherweisheit früherer Jahrhunderte war. Dieses Streben ist in stetem Steigen begriffen.[102]) Darum muß ihm Alles fern gehalten werden, was wie ein Reif in der Frühlingsnacht sein Emporblühen ertödten müßte. Deshalb sollten alle rein doctrinären, der Bücherweisheit entstammenden und dem Volksrechte abgewandten Unterscheidungen von dem Gesetzbuche ausgeschlossen werden, aus dessen Kenntniß ein Richterstand herauswachsen soll, der für das wahre Leben einen offenen und freien Blick besitzt.

Aus diesem Grunde läßt Alles, was bisher vom logischen wie vom praktischen Standpunkte gegen die Irrthumslehre des Entwurfes gesagt wurde, auch vom pädagogischen ihre Abänderung als dringend wünschenswerth erscheinen.

---

[102]) Vgl. hierzu Leonhard, Noch ein Wort über den juristischen Universitätsunterricht, Marburg 1886, § 8 S. 24 ff.

Daß nichts so sehr, wie das „Willensdogma“, die Verständlichkeit der Rechtslehre verdirbt, wird der Leser zunächst kaum glauben wollen. Um es ganz zu begreifen, müßte er mit dem Verfasser vorerst Jahre lang gewissenhafter Weise die falsche Lehre vorgetragen und mit ihm das Gefühl der Erlösung empfunden haben, welches ihm zu Theil wurde, als es ihm seine Ueberzeugung erlaubte, diese Fessel abzuschütteln.

Durch die ganze Pandektenlehre wird von stillschweigenden Abreden gesprochen, welche in den Gesetzbüchern nicht stehen und nunmehr von den Vertretern des Willensdogmas aus der Seele des Vertragschließenden künstlich herausdemonstrirt werden, während sie in Wahrheit auf dem Verkehrsgebrauche beruhen. Was unzählige Menschen in langer Zeit allmählich geschaffen haben, das wird als Inhalt eines einzigen bewußten Willensacts Einzelner dargestellt. Fortwährend werden Behauptungen über Gedanken der Parteien im Brusttone der Ueberzeugung vorgetragen, von denen man genau so viel weiß, wie von Herrn Schwerdtlein's Tode. Ein Gläubiger hat für das nächste Halbjahr Zinsen angenommen und damit für diese Zeit die Schuld gestundet. Ob er die Stundung bewußt gewollt hat, kann kein Mensch wissen; aber die herrschende Lehre behauptet es ganz sicher, und dem Prüfungscandidaten, der daran zweifelt, werden seine Freunde anrathen, ein sacrificium intellectus darzubringen.

Wie viel einfacher ist es, wenn man sagt: jene Stundungspflicht ist in jenem Falle verkehrsüblich. Sie gilt also, mag sie innerlich gewollt sein oder nicht. Genau so verhält es sich mit der Irrthumslehre. Nicht in den dunkeln Schacht der Menschenseele brauchen wir hinabzusteigen, um nachzuforschen, welcher Irrthum Nichtigkeitsgrund sein soll. Auf dem sonnenhellen Markte des Lebens liegt die Antwort vor uns, vom Verkehrsgebrauche gefunden. Dorthin läßt sich der jugendliche Rechtsbeflissene gern verweisen, dort wird er sich zurechtfinden. Wenn man ihn aber auf das Innere der Parteien verweist, um dort Dinge zu finden, von denen selbst er recht wohl weiß, daß sie dort unauffindbar sind, so wird er an der Zuverlässigkeit der Rechtswissenschaft irre. In der Regel lesen ja die Juristen aus den Seelen der Parteien doch nur heraus, was der Verkehrsgebrauch früher bestimmt hat, kommen also auf dem falschen Wege doch zum richtigen Ziele. Daß dies aber sich so verhält, ist immer für den Schüler und oft genug für den Lehrer selbst ein Berufsgeheimniß. Wenn nun aber gar der Jünger in einer verzeihlichen Begeisterung für den Meister auf dessen Worte schwört und alles Ernstes glaubt, daß der unwissende Tagelöhner bei seinen Verträgen alle die schönen Bestimmungen bewußt will, welche das Pandektenheft ihn wollen läßt, so können sich in dem Gläubigen Wahnvorstellungen entwickeln, welche uns dahin treiben müßten, das Willensdogma schließlich auch noch vom medicinischen Standpunkte zu kritisiren.

IV. Prüfung der Gemeinnützigkeit der Entwurfsbestimmungen (legislativ-politische Prüfung).

a) Der volkswirthschaftliche Standpunkt (nationalökonomische Prüfung).

§ 11.

Ist eine Gesetzesbestimmung im Widerspruche mit den Lehren der Geschichte, erweist sie sich überdies als undenkbar und undurchführbar, so ist sie schon gerichtet. Man braucht in der That nicht nach ihrer Gemeinschädlichkeit besondere Nachfrage zu halten.

Der Vollständigkeit wegen soll dieses dennoch geschehen. Wir müssen auch hier uns dem „Zwecke", dem „Schöpfer" und „Erklärer" des Rechts [103]) zuwenden.

Wer die Gemeinnützigkeit eines Satzes prüfen will, muß das Verkehrsleben aus der Vogelperspective betrachten. Die Leiden und Wünsche des Einzelnen erscheinen ihm dann unbedeutend gegenüber den Bedürfnissen des großen ganzen Verkehrskörpers, und er fragt nur nach den mächtigen Strömungen, welche nicht bloß einzelne Fälle, sondern größere, immer wiederkehrende Gruppen von Fällen berühren [104]).

So fragen wir auch hier: „Welchen Einfluß wird der Rechtssatz, welcher aus Rücksicht auf den Einzelwillen Irrthümer auch über die Grundsätze des Verkehrsüblichen hinaus als Nichtigkeitsgründe zuläßt, auf den Verkehr ausüben?"

Wir dürfen nicht vergessen, daß nicht bloß die Rechtssätze, sondern daneben auch die Gebote der Sittlichkeit und der Sitte auf die Seele der Menschen treibend einwirken. Sollte also hier etwas Verkehrtes bestimmt werden, so wird die Sitte des Geschäftslebens einen Gegendruck ausüben. So ist z. B. die berüchtigte Ehe auf Probe, welche ein bekanntes Gesetzbuch zuließ, niemals vorgekommen. In gleicher Weise werden die Anschauungen des Verkehrs auch das „Willensdogma" vielfach unschädlich machen, wie sie es bis jetzt wohl da gethan haben, wo die

---

[103]) v. Jhering, der Zweck im Recht, 2. Aufl. S. 115, Der Besitzwille, Vorrede S. IX und S. 538 ff. Exner, der Begriff der höheren Gewalt, Wien 1883, S. 39.

[104]) Paulus l. 6 dig. de legibus I, 3. *Τὸ γὰρ ἅπαξ ἢ δίς,* ut ait Theophrastus, *παραβαίνουσιν οἱ νομοθέται.*

Rechtssprechung im Banne dieser Lehre stand. Kaufleute, welche sich auf culpose oder casuelle Mentalreservationen berufen, laufen Gefahr, dasjenige, was sie im einzelnen Falle durch die Hervorkehrung ihrer Hintergedanken gewinnen, durch eine Schädigung ihres Credits wieder einzubüßen, und so wird es sich wohl auch in Zukunft verhalten.

Man darf jedoch den psychologischen Druck, welchen die Zulassung solcher Nichtigkeitsgründe auszuüben im Stande sein wird, nicht unterschätzen. Das Gesetz hat seine Hauptwirkungen außerhalb der Gerichtsstätte. Der Richter sieht nur die Processe; er sieht nicht die Fälle, in denen der Bedrückte den Kampf um's Recht als aussichtslos unterläßt, er sieht auch nicht die andern Fälle, in denen aus Furcht vor hinterlistigen Einreden nützliche Geschäftsabschlüsse gänzlich unterbleiben.

Diese Furcht würde auch heutzutage keineswegs unbegründet sein, sobald erst einmal das „Willensdogma" gelten würde. Auch in unserer Zeit giebt es organisirte Meineidsbanden — der Verfasser hat selbst als Strafrichter eine solche mitabgeurtheilt — und der Beweis, daß man sich über „die Person, den Geschäftsgegenstand oder die Geschäftsart geirrt habe", ist leicht durch falsche, unwiderlegbare Zeugen zu führen. Ja, selbst die Eideszuschiebung über einen solchen Irrthum bringt denjenigen, gegen den sie geschieht, in eine drückende Lage, welche einem juristischen Leserkreise wohl nicht erst näher auseinandergesetzt zu werden braucht.

Daß das „Willensdogma" die Sorge vor hinterlistigen Einwendungen erzeugt und dadurch den Verkehr lähmt, wird kein Kenner der wirklichen Lebensverhältnisse bestreiten. Von der Studirstube und vom Lehrstuhle aus betrachtet fechten allerdings nur solche Leute ihre Geschäfte wegen Irrthums an, welche sich wirklich geirrt haben; im thatsächlichen Leben werden aber in solchen Nichtigkeitsprocessen diejenigen die Hauptrolle spielen, welche sich geirrt haben wollen, weil ihr Geschäft sich nachträglich als nicht vortheilhaft herausstellte. Diese Leute begünstigt das Willensdogma zum Schaden der gewissenhaften Menschen, welche am Vertragsinhalte festhalten. Der Böse wird von ihm auf Kosten des Guten bevorzugt, und der Verkehr dadurch gelähmt.

Jede Verkehrslähmung bedeutet aber für uns ein Unglück. Ob die Blüthe des Handels für alle Völker zu allen Zeiten ein Vortheil ist, darüber läßt sich streiten. Für uns ist sie zur Zeit, wenn nicht erwünscht, so doch unentbehrlich. Ein geldbedürftiger Staat darf seine Hauptsteuerquelle nicht antasten lassen.

Wir wissen, daß im byzantinischen Reiche eine andere Politik herrschte, welche eine unausgesetzte Geldverlegenheit nach sich zog[105]). Unser Handelsgesetzbuch hat sie mit Erfolg bekämpft. Allein jene byzantinische Strömung ging doch immer noch nicht so weit, um das naturrechtliche Willensdogma zu erzeugen. Wohl aber war es ihr Grundgedanke, dessen Nachwirkung dieses Dogma fortzeugend gebar. Möge das zukünftige Reichsrecht sich das Handelsgesetzbuch zum Vorbilde nehmen!

Zum Schlusse möchte der Verfasser noch auf einen Aufsatz: „Der Vertragsschluß nach Englischem Rechte“ von Ernst Schuster in London (Busch's Archiv für Theorie und Praxis des Handelsrechts, Bd. 45, S. 317 ff.) aufmerksam machen. Hier wird der Nachweis geführt, daß die Lehre, welche der Verfasser dieses Gutachtens in seiner oben oft angeführten Schrift über den Irrthum gegen das Willensdogma verficht, durchaus dem englischen Rechte entspricht, namentlich auch, daß seine Uebersetzung von consensus sich mit dem englischen „consent“ deckt[106]).

Ohne sich der Anglomanie verdächtig machen zu wollen, möchte der Verfasser behaupten, daß in der Frage, was dem Verkehr Noth thut, die Meinung des größten Handelsvolkes der Welt sogar unsern wissenschaftlichen Autoritäten gegenüber in's Gewicht fällt.

Es ist überaus beachtenswerth, daß hiernach sogar dasjenige Volk, welches schon durch seine Orthographie beweist, wie hoch es das „Jch“ schätzt, dennoch dem Einzelnen die Rücksicht auf das Allgemeinwohl zumuthet, welche das Willensdogma ihm ersparen will.

Was also in der Heimath der Manchester-Theorie zum Besten der Gesammtheit vom Einzelnen ertragen werden kann, das sollte doch auch bei uns im Lande der allgemeinen Wehrpflicht nicht als eine allzu schwere Last betrachtet werden.

b) Rückwirkung auf das äußere Staatswohl (politische Prüfung).

§ 12.

Die allgemeine Rechtslehre ist ein Gemeingut aller Rechtszweige. Was sie enthält, gilt nicht bloß im Privatrechte, sondern auch im Staatsrechte und namentlich auch im Völkerrechte. Nach denselben allgemeinen Grundsätzen, zu deren Anwendung der zukünftige Richter und Anwalt

---

105) Vgl. v. Ihering, Der Kampf um's Recht. 9. Auflage. Wien 1889. S. 81 ff. Leonhard, Roms Vergangenheit und Deutschlands Recht Leipzig 1889. § 54.

106) Schuster a. a. O. S. 332. Dem Verf. des Gutachtens war dies vorher unbekannt.

erzogen wird, bildet auch der zukünftige Consul und Gesandte seine Rechtsanschauungen.

Es kann daher im Hinblicke auf unsere auswärtigen Beziehungen nicht ganz gleichgültig sein, daß nach dem Entwurfe unsere Staatsvertreter in Grundsätzen der Vertragslehre erzogen werden sollen, welche völkerrechtlich unhaltbar sind.

Daß sie es sind, geht aus Aeußerungen hervor, welche der größte Kenner und einflußreichste Begründer völkerrechtlicher Beziehungen gethan hat. Fürst Bismarck hat sich bei zwei hochwichtigen Gelegenheiten in Fragen des öffentlichen Rechts als ein unumwundener Gegner des „Willensdogmas" gezeigt[107]).

Der Entwurf droht also durch die unrichtige Behandlung einer allgemeinen Lehre die völkerrechtliche Tüchtigkeit unserer auswärtigen Staatsvertreter zu erschüttern.

Sollte man aber etwa geneigt sein, das Willensdogma für das Völkerrecht zu verwerfen und nur für das Privatrecht anzuerkennen, so würden wir in die eigenthümliche Lage kommen, Ausländern gegenüber durch Festhalten an der geschehenen Zusage eine Rücksicht erweisen zu müssen, welche uns im Verhältniß zu dem eigenen Landsmanne nicht obliegen würde; ein Verfahren, welches zu den Grundsätzen unserer neueren Politik nicht recht passen dürfte.

Bedenken wir ferner, daß es für die Ausländer angenehmer ist, mit solchen Kaufleuten Geschäfte abzuschließen, welche das Willensdogma verwerfen und an dem erkennbaren Sinne ihrer Abreden festhalten, als mit solchen, welche nach ihren Geschäftsabschlüssen mit unerwarteten Nichtigkeitsgründen aus dem Hinterhalte vorzurücken pflegen, bedenkt man ferner, daß die Engländer, wie wir sahen, zu den ersteren gehören, während der Entwurf uns in die Schaaren der letzteren einreihen will, so wird man wohl auch über den Einfluß, den die bekämpfte Lehre auf den Wettbewerb der Deutschen innerhalb des Weltmarkts haben muß, schwerlich im Zweifel sein können.

V. Die ethische Seite der Frage (sittliche Prüfung).

a) Der Grundsatz der Zuverlässigkeit der Versprechen.

§ 13.

Ueber dem Gemeinwohl des einzelnen Staates steht noch eine höhere

107) Hartmann hat hierauf aufmerksam gemacht. Vgl Archiv f. civ. Pr. Bd. 72 S. 234, Bd. 73 S. 332 Anm. 15.

Instanz, das Gebot des Gewissens. Auch sie sei als eine letzte hier angerufen. [108])

Die Gebote der Sittlichkeit sind bekanntlich vielfach eben so streitig, wie diejenigen des Rechts. [109])

Von drei Seiten möchte der Verfasser, ohne etwa die bekannte Frage nach dem Grunde der Sittlichkeit auch nur streifen zu wollen, das Willensdogma in seinem ethischen Gehalte prüfen; vom Standpunkte der geschichtlichen Ueberlieferung, des christlichen Gebots der Nächstenliebe und des kategorischen Imperativs.

Was zunächst die geschichtliche Ueberlieferung betrifft, so wird uns erzählt, daß Numa der Fides einen Tempel baute, und daß man in Rom annahm, die rechte Hand, welche den Handschlag ertheilt, enthalte die Göttin in sich. [110])

Die Römer rühmen sich, sie vor allen geachtet zu haben, und klagen später darüber, daß sie ihnen verloren gegangen ist. Cicero bestimmt diese Fides als die „dictorum conventorumque constantia et veritas“ und nennt sie „fundamentum justitiae“. [111])

Hiernach ist es nicht recht glaublich, daß sie von einer Lehre ausgegangen sind, welche auf die innern Hintergedanken das Schwergewicht legt und den Vertrag nur dann gelten lassen will, wenn auch in dem dunkeln Gebiete der Seele des Contrahenten alles in Ordnung ist.

Daß die deutschen Anschauungen den römischen durchaus entsprechen, ergiebt das Sprichwort: „Ein Mann, ein Wort.“

Allein auch das Gebot der Nächstenliebe, der Hauptkern des Christenthums, führt zu gleichem Ergebniß. Als eine Morgenröthe der neuen

---

[108]) Von dieser Seite her hat die Vertragslehre besondere Anregungen erfahren durch die eigenartige Schrift von Schloßmann, der Vertrag, Leipzig 1876, besonders S. 287 ff. Diese will die Rechtssätze unmittelbar ohne Berücksichtigung der Geschichte auf die Sittlichkeitslehre gründen, vergleichbar einem Anwalt, der alle unteren Instanzen überspringt und sich sogleich unmittelbar an die höchste Stelle wendet.

[109]) Die ethische Frage muß bei juristischen Erörterungen von der logischen und psychologischen getrennt werden. Die Gesetze der beiden letzteren Wissenszweige kann ein Gesetzgeber nicht mit practischem Erfolge verletzen, selbst wenn er es will. Die ethischen Gesetze dagegen soll er gleichfalls nicht verletzen, aber er kann es thun.

[110]) Livius I, 21. Plinius h. n. XI 55.

[111]) Cic. de off. I, 8, 23.

Weltreligion finden wir seine Anerkennung schon bei den heidnischen römischen Juristen. [112])

So sagt Ulpian: „Verletze Keinen!“ Durch nichts aber kann man seine Mitmenschen tiefer und schmerzlicher verletzen, als durch Enttäuschungen, welche man ihnen bereitet. Wer etwas verspricht, will, daß der Empfänger seines Worts sich darauf verlasse. Er erzeugt also wissentlich in dessen Innerem eine Hoffnung. Diese verwächst, falls es sich um eine bedeutende Sache handelt, mit dessen wichtigsten Plänen unter Umständen so sehr, daß ihre Erfüllung zu einer Bedingung seiner Lebensfreudigkeit wird. Nun, nachdem sein Herz von Hoffnung erfüllt ist, führt der Versprechende einen beinahe tödtlichen Streich, wenn er es an der schwächsten Stelle durch seine Wortbrüchigkeit trifft. Daß eine so schädliche Handlung nicht nur geduldet, sondern vom Staate unterstützt werden soll, sogar in Fällen, in welchen eine Schuld des Verletzenden vorliegt, will dem Verfasser nicht recht in den Kopf. Für ihn bedeutet der Satz: „Verletze Keinen!“ auch „Enttäusche Keinen!“ Die Anhänger des Willensdogmas werden darin vielleicht eine übertriebene, sinnlose Rücksichtnahme auf das Wohl der Mitmenschen sehen. Vielleicht ist es auch nur eine hypochondrische Grille, eine krankhafte Sentimentalität, an welcher der Verfasser leidet. Gleichviel. Jedenfalls kann er diese Empfindungsweise nicht in sich vertilgen und, wenn man ihn um seine Meinung über die Irrthumslehre fragt, nicht einmal verschweigen.

Man hat wider ihn hervorgehoben, daß man ebenso gut, wie dem Irrenden die Rücksicht obliegen soll, den Erklärungsempfänger nicht zu enttäuschen, auch diesem letztern die sittliche Pflicht auflegen könne, den Irrenden nicht an seinem ihm unerwünschten Worte festzuhalten. [113])

Von einem solchen Sittengebote kann nicht die Rede sein. Das Aufkündigen einer unerwünschten Erklärung steht dem Festhalten des Vertragsgenossen an derselben nicht gleich. Der Geldverlust, welchen jenes dem Erklärungsempfänger, dieses dem Absender zufügen würde, mag ja vielleicht der gleiche sein; das Gefühl, von dem Vertragsgenossen mißhandelt zu werden, ist nicht in beiden Fällen in derselben Weise vorhanden. Wer dem Andern eine Hoffnung erweckt und ihn dann ent-

[112]) Cicero de leg. I 12 c. 34 necessarium, ut nihilo sepse plus quam alterum diligat. vgl. Leonhard, Roms Vergangenheit und Deutschlands Recht § 42.

[113]) So Lotmar a. a. O. S. 392. Sodann giebt es wohl auch ein Sittengebot: „Verlange nicht die Erfüllung von Versprechen, die Dir unabsichtlich gegeben sind.“ — Für das Bestehen eines solchen Gebots wird sich schwerlich ein Beweisstück finden lassen.

täuscht, der erscheint als der Urheber einer Mißhandlung; nicht so derjenige, der lediglich einen Vortheil davon hat, daß der Absender einer Erklärung einem tückischen Zufalle oder Irrthume zum Opfer fiel, welchen er, der Empfänger des Versprechens, nicht verursacht hat und nicht erkennen konnte.

Immerhin liegt in der hier abgewehrten Ansicht doch ein Fünkchen Wahrheit.[114])

Auch der Irrende kann eine gewisse mitleidige Schonung beanspruchen. Dies soll im folgenden Paragraphen näher ausgeführt werden.

Vorerst will der Verfasser noch einen Blick auf den „kategorischen Imperativ" werfen, der, worüber wohl kein Zweifel ist, einem großen Theile Deutschlands als maßgebend gilt.

Dieser verlangt bekanntlich, daß man nach Grundsätzen handeln soll, welche ein Gesetzgeber seinen Vorschriften würde zu Grunde legen können. Kant denkt dabei offenbar an einen Gesetzgeber, der für die ganze Menschheit Normen aufstellt, nicht bloß für einen bestimmten Staat. Insofern geht auch für ihn die ethische Frage über die legislativpolitische hinaus. Da nun jeder Gesetzgeber für das Gemeinwohl sorgt, so gebietet Kant's unumstößliches Gebot: Unterordnung des Einzelwohls unter die Gebote des allgemeinen Menschheitswohls.

Daß nun das Willensdogma, welches, wie wir sahen, den menschheitseinigenden Handel lähmt, vom Standpunkte eines Weltgesetzgebers nicht billigenswerth erscheint, bedarf wohl keiner weiteren Ausführung.

Daß übrigens ein so einflußreich gewordenes Dogma unmöglich ohne eine gleichzeitige ethische Strömung aufgetreten sein kann, ist schon nach allgemeinen Gesetzen der Culturentwicklung höchst wahrscheinlich. Es handelt sich hier um eine alte Bewegung, die sich bis auf Pelagius, wenn nicht noch weiter, zurückführen läßt, nämlich um das Streben nach Anerkennung einer größtmöglichen Freiheit des Einzelnen. Es giebt, die Thatsache läßt sich nicht leugnen, neben der Moral der Liebe auch eine solche des Stolzes, die zur starken Bethätigung des eigenen Willens hintreibt. Daß dieses Streben einem Grundzuge des germanischen Wesens entspricht, kann nicht in Abrede gestellt werden. Daß es ausarten kann, werden auch seine Anhänger nicht leugnen wollen. Das Willensdogma

[114]) Den Verf. veranlassen namentlich die Ausführungen Mandry's in seiner Recension der Schrift Leonhard's, der Irrthum u. s. w. Archiv f. civ. Pr. Bd. 66 S. 486 und diejenigen Hartmann's, Archiv f. civ. Pr. Bd. 72 S. 161 ff., dies zuzugeben. Vgl. jetzt auch Graf Piniński Bd. II S. 467 ff.

ist eine solche Ausartung, jedenfalls eine Frucht dieser nur bis zu einem gewissen Grade anerkennenswerthen Neigung, welche hier durchaus nicht etwa als völlig verwerflich bekämpft werden soll.

Wie stark diese Neigung aber ist, das zeigt sich in den Illusionen, welche sie auf dem Rechtsgebiete erzeugt hat. Zu ihnen gehörte z. B. die bekannte Lehre, daß der Verbrecher sich selbst die Strafe zudictire [115]). Genau ebenso soll jetzt die bewußte Absicht des Vertragschließenden die rechtlichen Folgen seines Verhaltens erschöpfend bestimmen.

Es liegt in diesem Gedanken ein gewisser Titanentrotz gegenüber der Staatsgewalt. Der Richter soll nur so weit einschreiten dürfen, inwieweit der Betroffene selbst ihn mit klarem Bewußtsein herbeigerufen hat. „Wenn ich nicht will, so darf kein Rechtszwang sein!“ In der Bestrafung, wie in den Rechtsfolgen soll sich der Mann sein Schicksal lediglich selbst schaffen, und der Satz gelten: „Kein Mensch muß müssen“, als ein Palladium der Freiheit, welche der Mensch auch in den Ketten eines irrthümlicher Weise abgegebenen, aber nach seinem Inhalte unbeabsichtigten Versprechens nicht verlieren kann.

Für jeden, der die Verkehrsbedürfnisse nicht kennt, und namentlich für den Studirenden, dem sie fremd zu sein pflegen, hat diese Lehre eine dämonische, fesselnde Kraft. Sie erinnert an die Leute, die vom breiten Stein ihrer höchst persönlichen Wünsche nicht wanken und nicht weichen.

So erfaßt sie eine unvertilgbare Schwäche des menschlichen Herzens, dessen Wunsch, auch da etwas sein zu wollen, wo es nichts ist, hier seine volle Befriedigung findet [116]). Für Verkehrsbedürfnisse ist ein jugendlicher Musensohn überhaupt schwerer zu erwärmen, als für die Geltendmachung der eigenen Sonderart.

Allein Wünsche und Erfüllungen sind auch bei Vertragsschlüssen zweierlei. Dieser titanenhafte Sturm und Drang erweist sich, von einem nüchternen Beobachter im Rahmen der Wirklichkeit angeschaut, nur als die Freude an einem über die wahre Abhängigkeit hinwegtäuschenden

---

[115]) Auch die nicht minder bekannte Lehre Lassalle's (Die Theorie der erworbenen Rechte. Leipzig 1861 S. 55 ff.): „Kein Gesetz darf rückwirken, welches ein Individuum nur durch die Vermittelung seiner Willensactionen trifft,“ beruht auf solchen Anschauungen.

[116]) Es ist daher kein Zufall, daß in einer Schrift, welche den Standpunkt der katholischen Kirche mit besonderer Schärfe wahrt, ein lebhafter „Widerspruch gegen den „subjectiven Standpunkt des Entwurfs in der Irrthumslehre erhoben wird, in Ausführungen, die übrigens auch für Nichtkatholiken höchst beachtenswerth sind. Schilling, Aphorismen zu dem Entwurf eines b. G.B. Köln 1888 S. 46 ff.

Selbständigkeitstraume, der als ein Schleier die unvermeidliche Gebundenheit des Einzelnen vor ihm selbst verdecken soll.

So hängen denn auch die Vertreter des Willensdogmas ihm einen Hemmschuh an, der seine Kraft lähmen soll, die Lehre von der Gleichgültigkeit der Beweggründe. So ließen sich auch die Richter, als sie noch lernten und glaubten, daß der Verbrecher sich selbst die Strafe auflege, nicht davon zurückhalten, ihn selber ordentlich zu bestrafen. Hätten sie freilich aus jener Lehre das Recht hergeleitet, ihn, sobald er sich nicht bestrafen lassen wollte, laufen zu lassen, dann würde sie verhängnißvoll geworden sein.

Genau im selben Sinne wollte einer der gründlichsten Vertreter des Willensdogmas in einem achtungswerthen Gerechtigkeitsgefühle es der Proceßpartei verwehren, sich im vollen Umfange auf dieses Dogma zu berufen [117]). Nur in der Theorie sollte es leben, im Leben untergehen.

Allein eine solche Scheinexistenz hat in sich die Neigung, sich schließlich doch in wirkliche Richtersprüche zu verwandeln. Und so wollen wir denn grundsätzlich lieber alle unsere Lehren und Gesetze so gestalten, daß man sie ganz und voll anwenden kann.

b) das Gebot des Mitleids mit dem Irrenden (ein richtiger Kern der angefochtenen Lehre).

§ 14.

Das Willensdogma würde schwerlich über alle feindlichen Mächte (Quellenauslegung, Logik, Psychologie, Rechtsanwendung, Gemeinwohl, Ethik) triumphirt haben, wenn nicht irgend etwas an ihm richtig wäre.

Dieses Richtige liegt in dem Gebote des Mitleids mit dem armen Irrenden.

Der Verfasser giebt gern zu, daß er in seiner Schrift, wohl in der Kampfeslust, welche der Streit für das Gemeinwohl in ihm erzeugte, mit diesem Unglücklichen zu hart umgegangen ist [118]).

Errare humanum est, dieser Satz muß, — davon haben den Verfasser seine Gegner überzeugt, — dem allzustrengen Festhalten an der äußern Erklärung einen gewissen Abbruch thun [119]).

---

117) Zitelmann, dogm. Jahrb. Bd. 16 S. 411 ff.

118) Nicht mit Unrecht ist ihm dies vorgeworfen worden von Mandry in der Recension der Schrift über den Irrthum, Archiv f. civ. Praxis Bd. 66 S. 486.

119) Auch die frühere Behauptung (Leonhard in der Zeitschr. f. Handelsrecht Bd. 26 S. 298), daß man kein Recht hat, eine irrige Vertragserklärung sogleich zu

Die älteren Römer, welche ihre Schuldner in Stücke schnitten, waren zu solchen Zugeständnissen nicht geneigt. Sie pochten, wie Shylock, auf ihren Schein. Die Menschenliebe der Kaiserzeit hat aber auch hier Abhülfe geschaffen.

Das Mittel, durch welches es geschah, war nach des Verfassers Meinung die in integrum restitutio erroris causa.

Daß man sie in der Regel nur in processualen Fällen gebrauchen konnte, wird allgemein gelehrt, doch ohne daß die Quellen dazu zwingen [120]). Man lehrt dies vielmehr aller Wahrscheinlichkeit nach im Drange eines unbewußten Bedürfnisses, das Institut los zu werden. Neben dem Willensdogma hat es in der That auch nicht den geringsten Zweck.

Auch will man überhaupt der ganzen in integrum restitutio zu Leibe rücken [121]), und zwar nicht ohne guten Grund.

Zu der deutschrechtlichen Stellung des Richters paßt nicht recht ein „civilrechtliches Begnadigungsrecht". Da der Richter bei uns von der Aufsicht der Cabinetsjustiz frei ist, so will man ihm nicht gern dieselben vollen außerordentlichen Befugnisse gewähren, welche die Günstlinge Caracallas und Elagabals besaßen. [122])

Wir können aber die in integrum restitutio ganz gut entbehren. Die Grundsätze, nach denen der Prätor extra ordinem Recht sprach, sind allmählich zu festen Rechtsregeln geworden, (man denke z. B. an die i. i. r. minorum). Das gilt m. E. auch von dem Grundsatze, welcher der römischen in integrum restitutio erroris causa zu Grunde lag. Er läßt sich etwa folgendermaßen wiedergeben:

Wer in Folge eines unverschuldeten Irrthums ein unerwünschtes Geschäft abgeschlossen hat, kann von demselben zurücktreten, wenn 1) er denjenigen, der sich auf seine Er-

---

verbessern, kann nicht mehr aufrecht erhalten werden. Dagegen Hartmann (Dogm. Jahrb. XX. S. 42 Anm. 27), Enneccerus a. a. O. S. 81 Note 1, Unger in Grünhut's Zeitschr. Bd. 15 S. 680 Anm. 17. Der Verf. hat sich davon überzeugt, daß die Ansicht seiner Gegner dem Grundgedanken des Satzes: „Pacta in continenti facta stipulationi inesse videntur" entspricht.

[120]) Warum will man nicht auch hier die Quellenbeispiele verallgemeinern, da sie ja nur Beispiele sind?

[121]) Für ihre Erhaltung jedoch Hartmann, Archiv f. civ. Praxis Bd. 73 S. 346 ff.

[122]) Daß das Institut der Restitution wegen Irrthums übrigens auch in Deutschland vorkommt, ergiebt sich aus Seuff. Archiv III 141, IV 28. Anders das Ober-Trib. Berlin, Seuff. XXXIV 266.

klärung verließ, entschädigt, 2) eine solche Entschädigung möglich ist,[123]) und 3) keine Gefahr vorliegt, daß die Behauptung eines Irrthums eine bloß vorgeschützte ist.[124])

Einen derartigen Rechtsgedanken glaubt der Verfasser in unserem Verkehrsleben allerdings beobachtet zu haben.

Er liegt wohl auch der bekannten Lehre v. Jherings von der culpa in contrahendo[125]) zu Grunde, welche daher mit vollem Rechte trotz ihrer zweifelhaften Quellengrundlage als eine Ergänzung der unerträglichen herrschenden Lehre Anklang gefunden hat.[126])

Jene Anfechtbarkeit wegen entschuldbaren Irrthums bei gleichzeitiger Leistung einer Entschädigung ist nach der Meinung des Verfassers ein Satz der Verkehrssitte. Vermuthlich ist er aus dem Grundgedanken der römischen in integrum restitutio erroris causa herausgewachsen.

Seine besondere Erwähnung im Gesetzbuche erscheint daher nicht nöthig, einmal, weil der Richter bei der Vertragsauslegung auf die Verkehrssitte sehen und dabei diesen Satz finden muß;[127]) zweitens, weil es keinen Zweck haben würde, strengere, die Anfechtungen wegen Irrthums noch mehr beschränkende Gebräuche da, wo das Bedürfniß sie erzeugt, abzutödten.

Die Anerkennung dieses Satzes der Verkehrssitte ist das einzige Zugeständniß, welches das „Willensdogma" verdient.

Capitel 3. Seitenblick auf einzelne Sonderbestimmungen des Entwurfs über Irrthum.

I. Im Vermögensrechte.

§ 15.

Dieses Gutachten bezieht sich zwar nur auf die §§ 98—102 des Entwurfs. Da dieser jedoch ein in sich durchdachtes Ganzes bildet —

[123]) So z. B. nicht, wenn ein Dienstbote, Procurist, Handlungsgehülfe u. s. w. eine feste Stellung im Vertrauen auf die Erklärung des Irrenden aufgeopfert hat.

[124]) Dies Erforderniß Nr. 3 entnimmt der Verf. in Anlehnung an Hartmann, Dogm. Jahrb. Bd. 20 S. 55 der l. 12 dig. de trans. 2, 15 und Dernburg's Pandekten Bd. I § 99 Anm. 3.

[125]) Dogm. Jahrb. Bd. IV S. 1 ff. Gesammelte Aufsätze. Jena 1881. S. 327 ff.

[126]) Hartmann, Die Obligation. Erlangen 1875. S. 195 ff. Regelsberger in Endemann's Handbuch des Handelsrechts Bd. II § 242 S. 414 Anm. 5, sowie über ihre Vorläufer in der Naturrechtszeit, Leonhard, Der Irrthum II S. 527, vgl. jetzt auch Unger a. a. O. S. 683 ff.

[127]) § 72, 359 Entw.; vgl. § 84, 86,4, 789, und Rümelin in den Jahrb. f. Dogm. Bd. 27. S. 231.

ein Vorzug, welcher ziemlich hoch veranschlagt werden muß —, so dürfte es nicht unangemessen sein, auch auf einige Sondervorschriften einen Blick zu werfen, welche im Zusammenhange mit der allgemeinen Irrthumslehre ergangen sind.

Hierher gehört zunächst die Behandlung der „abstracten Verträge". Bei ihnen soll ein bestimmter Theil, nämlich die beiderseits gebilligte Anordnung der Hauptgeschäftsfolge, von dem übrigen Inhalte des von den Vertragschließenden früher oder gleichzeitig Erklärten unabhängig sein, d. h. der Anfechtung mit einer Nichtigkeitsklage auf Grund solcher Nebenabreden nicht unterliegen. Daß diesen Geschäften im Entwurfe eine allzu große Ausdehnung gegeben worden ist, ist mit Recht neuerdings ausgeführt worden,[128]) wie auch, daß es schwerlich nothwendig war, sie alle „dingliche Verträge" zu nennen, weil einige von ihnen dingliche Kraft haben.[129])

In der Rechtspflege wird jedoch dieser Umstand keine allzu schlimmen Folgen haben. Wie die preußische Praxis die Lehre vom titulus und modus überwunden hat, so wird dies auch der deutschen hinsichtlich der angeblich „abstracten" Natur der Tradition und ähnlicher Geschäfte gelingen.[130]) Allein diese ganze übermäßige Ausdehnung der abstracten Geschäfte würde wohl kaum geschehen sein, wenn die Verfasser des Entwurfs nicht das Bedürfniß empfunden hätten, den Verkehr gegen die Gefahren ihres Willensdogmas durch eine möglichste Einschränkung der allgemeinen Nichtigkeitsgründe zu schützen.

Hervorzuheben ist, daß auch der weitgehende Schutz des redlichen, oder wenigstens dem äußeren Anscheine nach redlichen Dritten[131]) mit dem Bestreben zusammenhängt, Anfechtungen von Traditionen mindestens gegen Dritte zu beschränken.

---

[128]) von Strohal in den dogm. Jahrbüchern Bd. 27 S. 335 ff. Insbesondere möchte der Verf. seinen Ausführungen über die Tradition unbedingt beitreten (vgl. Leonhard, Irrthum I S. 241 Anm. 3, II S. 344 ff.).

[129]) Vgl. Bähr, Krit. V.-J.-Schr. Bd. 30 S. 361 Anm. 1 (in der Form etwas scharf).

[130]) Sehr treffend bemerkt hierüber Strohal a. a. O. S. 395: „Ebenso wenig, wie es der Gesetzgeber in seiner Macht hat, jeden obligatorischen Vertrag kurzweg zum abstracten zu proclamiren, ebenso wenig vermag er durch sein bloßes „sic jubeo" immer und überall den Zusammenhang zwischen Rechtsübertragung und Causalgeschäft zu lösen."

[131]) § 877 ff.

In noch engerem Zusammenhange mit der allgemeinen Irrthumslehre steht die Gestaltung der Bereicherungsklagen.[132])

Die condictio indebiti setzt nach § 737 voraus, daß der Kläger „zum Zwecke der Erfüllung einer Verbindlichkeit eine Leistung bewirkt hat".

Gehört hierher nun auch der Fall, in welchem der Kläger den Zahlungszweck hatte, aber nicht erkennbar machte, so daß der Empfänger glauben mußte, die Gabe sei ihm geschenkt?[133]) Der richtigen Meinung nach wird man dies verneinen müssen, da auch hier der erkennbare Sinn entscheiden muß, nicht der unerkennbar gebliebene Hintergedanke.[134])

Wenn freilich in der allgemeinen Irrthumslehre das Willensdogma angenommen wird, so wird man es auch hier in entsprechender, aber m. E. unzutreffender Weise anwenden.

In zweifelloserer Weise sind die Voraussetzungen der condictio ob causam bestimmt. Hier allein ist die Irrthumslehre ganz nach dem Herzen des Verfassers bestimmt; denn § 742 lautet:

„Wer unter der ausdrücklich oder stillschweigend erklärten Voraussetzung u. s. w. eine Leistung bewirkt hat, kann u. s. w.

Warum ist bei der condictio indebiti nicht gleichfalls, so wie hier, eine ausdrücklich oder stillschweigend erklärte Voraussetzung der Schuld erfordert worden? Diese Frage ist kaum zu beantworten.

Von der condictio causa data causa finita (§ 745) gilt dasselbe, was von der condictio indebiti gesagt ist.

Daß endlich die condictio sine causa in den Fällen anderer Irrthümer über vergangene Dinge, als es diejenigen über das Vorhandensein einer Schuld sind, in grundloser Weise beschränkt worden ist, sowie daß dies lediglich als eine Folge der oben angefochtenen Lehre der Unwesentlichkeit des Irrthums in den Beweggründen angesehen werden muß, wird sich wohl schwerlich bestreiten lassen.

Von einer Erörterung der Bedeutung des Irrthums für die bona fides bei der Ersitzung[135]) ist für die allgemeine Irrthumslehre wohl schwerlich etwas zu gewinnen.[136])

---

[132]) Entw. § 737 ff. u. hierzu Hartmann, Gutachten aus dem Anwaltstande S. 323 ff., sowie Lenel im Archiv f. civ. Praxis Bd. 74 S. 213 ff.

[133]) Vgl. hierzu Leonhard, Irrthum Bd. I S. 265, 266.

[134]) Richtig das Urteil des Reichsgerichts, Entsch. Bd. 19 Nr. 24 S. 126.

[135]) § 881, 2 Entwurf.

[136]) Vgl. hierüber Leonhard, D. J. II S. 518 ff, Förster-Eccius a. a. O. I § 30 Anm. 4.

Im allgemeinen Theil befindlich, aber auf das Vermögensrecht bezüglich sind endlich noch die §§ 117, 118 des Entwurfs. Sie sollen hier noch in Kürze besprochen werden.

§ 117 lautet:

„Das Erforderniß der Uebereinstimmung des wirklichen Willens mit dem erklärten Willen, ingleichen die Erheblichkeit von Drohung, Betrug, Irrthum, Wissen und Wissenmüssen bestimmt sich nach der Person des Vertreters."

Dies kann sich doch nur auf die Frage beziehen, ob der Vertragsabschluß wegen Irrthums als nichtig gelten muß, nicht darauf, ob es die Vollmachtsertheilung aus einem gleichen Grunde ist. Diese letzte Frage kann nur nach der Person des Herrn, nicht nach derjenigen des Vertreters bestimmt werden.

Eine umfangreiche Litteratur, welche sich voraussichtlich weniger durch Verständlichkeit als durch Tiefsinn auszeichnen wird, muß der § 118 hervorrufen, welcher lautet:

„Ist die Ermächtigung zur Vertretung von dem Vertretenen durch Rechtsgeschäft ertheilt (Vollmacht), und bezieht sich die Ermächtigung auf ein bestimmtes Rechtsgeschäft, so ist ein Nichtwissen des Vertreters unerheblich, wenn der Vertretene wußte oder, sofern dem Wissen das Wissenmüssen gleichsteht, wissen mußte.

„Was wußte?" und „was wissen mußte?" so fragt jeder Leser, der Jurist nicht minder, wie der Laie. Die Antwort auf diese Frage soll offenbar die Wissenschaft ertheilen.[137]) Nun gut, wenn sie das soll, wozu ladet man ihr bei dieser ihrer Aufgabe überhaupt erst die Last einer so tiefsinnigen Bestimmung auf? Man kann doch schwerlich glauben, daß das Ergebniß ihrer Arbeit dadurch leichter oder auch nur besser gefunden werden wird.

Wie der Verfasser selbst über den Irrthum der Stellvertreter denkt, hat er an anderer Stelle ausgeführt.[138])

II. Im Familienrechte.

§ 16.

Der Irrthum bei Eheschließungen bringt das Gesetzbuch in eine Berührung mit altehrwürdigen Lehren der christlichen Kirche. Die Stelle

---

[137]) Die Stelle ist allem Anscheine nach eine Verallgemeinerung der l. 34 § 1 dig. de acqu. rer. d. 41, 1. Leonhard, D. J. II S. 502 Anm. 1.

[138]) Leonhard, Der Irrthum II S. 493 ff.

des Gesetzbuches, welche dieses geweihte Land betritt, wird daher wohl die Theilnahme nicht bloß der juristischen, sondern auch der theologischen Kreise erwecken.[139])

Hier finden wir zunächst eine erfreuliche Anerkennung der „Erklärungstheorie" in der Form der Frage, welche der Standesbeamte nach § 1249 an die Brautleute richten muß. Daß aber trotzdem selbst die Lehren der christlichen Kirche gegenüber dem Willensdogma keinen Widerstand zu leisten vermocht haben, wird uns nicht verwundern, nachdem wir oben sahen, daß keine nur irgend denkbare Rücksichtnahme sich als stark genug erwiesen hat, um seinem Vordringen Halt zu gebieten.[140])

Nirgends ist übrigens der Entwurf so schwer zu beurtheilen wie in der Lehre von der Ungültigkeit der Eheschließungen, und namentlich an derjenigen Stelle, welche vom Irrthume redet (§ 1259, 2).

Es zeigt sich hier, daß der Sinn eines geschriebenen Satzes keine feste unwandelbare Größe ist, sondern von den Vorkenntnissen desjenigen mit abhängt, in dessen Kopf sich seine Worte abspiegeln.[141])

So ergiebt denn der § 1259, 2 des Entwurfs einen doppelten Sinn, je nachdem er von einem unbefangenen Leser oder von einem Kenner der neueren juristischen Literatur gelesen wird.

Wir wollen beide Bedeutungen dieser Vorschrift betrachten.

Sie lautet:

„Die Ehe ist nur dann anfechtbar:

„2. Wenn einer der Eheschließenden entweder den Willen, überhaupt eine Ehe zu schließen, oder den Willen, eine Ehe mit dem anderen Theile zu schließen, bei der Eheschließung nicht gehabt hat, und in beiden Fällen dieser Mangel der Uebereinstimmung des wirklichen Willens mit dem erklärten Willen auf einem Irrthume des Erklärenden beruhte".

Die zweite Hälfte will allem Anscheine nach die Anfechtung der Ehe wegen Simulation ausschließen und damit eine schwebende Streitfrage entscheiden, und zwar in einem Sinne,[142]) welcher der Bedeutung

---

[139]) Vgl. hierzu die Ausführungen von Hinschius im Archiv f. civ. Praxis Bd. 74 S. 69 ff.

[140]) Vom katholischen Standpunkte protestirt wider das Eherecht des Entwurfs Schilling, Aphorismen zu dem Entwurf eines b. G.Bs. Köln 1888 S. 16.

[141]) Leonhard, Ztschr. f. Civilproceß Bd. 11 S. 120 ff.

[142]) Vgl. Dernburg, Pr. Privatrecht I § 104, Pandekten 2. Aufl. § 100 Anm. 7 S. 229, l. 30 dig. de ritu nupt. 23, 2.

entspricht, die ein anscheinend fehlerloser Ehebeschluß auch für dritte Personen haben soll.[143])

Die erste Hälfte erweckt allein Bedenken. Nach ihr ist der Irrthum überall geschäftshindernd, wo der Irrende den Willen, eine Ehe mit dem andern Theile zu schließen, nicht gehabt hat. Das kann doch aber nur heißen, wo er „ihn nicht gehabt haben würde"; denn, wenn er ihn wirklich nicht gehabt hätte, würde er die Trauung nicht haben zu Stande kommen lassen.

Will man aber in diesem Sinne den § 1259, 2 beim Worte nehmen, so kommt man zu den ungeheuerlichsten Ergebnissen. Täuschungen über die Vermögensverhältnisse des Schwiegervaters, welchen sich der Bräutigam hingegeben hat, das Zurückkehren der von der Braut für todt gehaltenen ersten Liebe und dergl. Dinge mehr müßten Nichtigkeitsgründe abgeben, sofern sie dem persönlichen Willen des Irrenden als unerläßliche Vorbedingungen seines Jaworts thatsächlich vorschwebten.[144])

Man wird hiergegen anführen, daß es sicherlich nicht die Absicht der Verfasser des Entwurfs war, solche Rechtszustände heraufzubeschwören. Wenigstens erschien es mehreren Kennern der neueren Literatur unzweifelhaft, daß der Entwurf die Anfechtbarkeit der Ehen wegen Irrthums eher zu sehr einschränkt, als zu weit ausdehnt.[145])

Sie gehen anscheinend davon aus, daß in Zukunft Eheschließungen nur wegen error in persona und in negotio[146]) anfechthar sein sollen, da der Entwurf mit dem „selbst geschaffenen Dogma von der Nichtberücksichtigung des Irrthums im Beweggrunde"[147]) nach den Motiven auch hier unzweifelhaft arbeitet.[148])

Sollte übrigens Jemand glauben, daß irgend ein Deutscher, der

---

143) Leonhard, Irrthum II S. 411.

144) Solche Dinge sind in der Rechtsgeschichte nicht unerhört, vgl. Schaumburg, compendium juris digestorum. Jenae, pars III p. 59 „error fortunae non simpliciter est vilipendendus." Daß ein Betrug über Vermögensverhältnisse ein Anfechtungsgrund ist, hat das Reichsgericht am 27. Mai 1887 ausgesprochen. Entsch. Bd. 18 S. 224. Selbst wegen der unzureichenden Kochkunst einer Gattin ist in der Zeit des Rationalismns eine Ehescheidung vorgekommen. Vgl. überhaupt die bei Leonhard, der Irrthum II S. 417 Anm. 1 Angeführten.

145) Vgl. Hinschius a. a. O. S. 69 ff., Berolsheimer, Gutachten aus dem Anwaltstande S. 298.

146) Ueber diesen vgl. Leonhard, der Irrthum II S. 413 Anm. 3.

147) So Hinschius a. a. O. S. 72.

148) Mot. IV S. 78, woselbst ein schwer einzulösender Wechsel auf die Wissenschaft gezogen wird.

dieses Dogma nicht aus neueren Schriften kennt, es aus der angezogenen Gesetzesstelle etwa werde herauslesen oder richtiger in sie hineinlesen können, so täuscht er sich. Man gebe nur den § 1259, 2 jedem beliebigen Nichtjuristen zur Auslegung in die Hand, und man kann sicher sein, daß er eine hochgradige Anfechtbarkeit irrthümlich geschlossener Ehen wegen aller möglichen falschen Vorgedanken herauslesen wird.

Wenn nun auch nicht zu verlangen ist, daß das Gesetzbuch dem Nichtjuristen verständlich sein soll, so erscheint doch der Wunsch nicht unbillig, es so abgefaßt zu sehen, daß es nicht dem Rechtsunkundigen Vorstellungen erweckt, welche mit der Würde der Ehe [149]) und den Lehren der christlichen Religion ebenso sehr im Widerspruche stehen, wie mit demjenigen, was die Verfasser des Entwurfes eigentlich haben sagen wollen.

Diesen hat daher auch hier die Redeweise des Willensdogmas keinen guten Dienst geleistet.

Wie sehr diese Behauptung berechtigt ist, ergiebt sich daraus, daß ein allem Anscheine nach hervorragend tüchtiger praktischer Jurist den Entwurf offenbar nicht mit den Einschränkungen gelesen hat, die sich aus den Lehren der neueren juristischen Psychologie ergeben. Wenigstens spricht er davon, [150]) daß „die Staatsgesetzgebung auf der schiefen Ebene der einseitigen Ordnung des Eherechts, falls sie sich einmal darauf begeben hat, immer tiefer hinabgleitet in den Sumpf der Gleichstellung der Ehe mit gewöhnlichen Verträgen".

Daß unser Staat auch ohne Beihülfe der Kirche die Würde der Ehe nicht ebenso gut wahren kann, wie diese es thut, muß bestritten werden. Bei Wahrung des „Willensdogmas" wird dies aber freilich unmöglich sein. Daß durch die scharfe Betonung dieser Lehre dem Gesetzgebungswerke unerwünschte Schwierigkeiten zu erwachsen drohen, ergiebt sich aus Schilling's Bemerkung: [151]) „Würde der Entwurf mit dem Eherecht als integrirendem Bestandtheil zur Abstimmung im Reichstag gebracht, dann würden die katholischen Abgeordneten dem Ganzen ihre Zustimmung versagen müssen."

Aus Rücksicht auf die sittliche Bedeutung der Ehe dürfte dieser Protest auch von nichtkatholischer Seite die vollste Berücksichtigung verdienen.

---

149) Vgl. die Ausführungen des Reichsgerichts Bd. 17 S. 251 Nr. 58.

150) Schilling, Aphorismen zu dem Entwurf eines b. G., Cöln 1888.

151) Aphorismen S. 15.

Allerdings kann die Berufung auf die Nichtigkeit der Ehe wegen Irrthums nicht in der gleichen Weise eingeschränkt werden, wie diejenige der vermögensrechtlichen Verträge. Ein Hinweis auf den Inhalt einer Verkehrssitte würde hier keinen Sinn haben.

Dagegen würde es sich empfehlen, zu § 1259 folgenden Zusatz zu machen:

„Die Anfechtung wegen Drohung, Betrugs oder Irrthums ist dort ausgeschlossen, wo sie aus Rücksicht auf die Würde der Ehe als unzulässig erscheint."

Ein Hauptnachtheil dieser Vorschrift würde freilich der sehr große Spielraum sein, welchen sie dem Richter gewährt. Dieser Uebelstand wird aber wohl, soweit der Verfasser sieht, als unvermeidliches Uebel ertragen werden müssen.

III. Im Erbrechte.

§ 17.

Der Vollständigkeit zu Liebe soll noch auf zwei Punkte des Erbrechts ein Blick geworfen werden.

Ganz besondere Beachtung verdient der § 1781 des Entwurfs:

„Eine letztwillige Verfügung kann angefochten werden, wenn der Erblasser zu derselben durch einen auf die Vergangenheit oder die Gegenwart sich beziehenden Irrthum bestimmt worden ist, oder wenn der Erblasser zu der Verfügung durch die Voraussetzung des Eintrittes oder Nichteintrittes eines künftigen Ereignisses oder eines rechtlichen Erfolges bestimmt worden ist, und die Voraussetzung sich nicht erfüllt hat.

Die Verfügung ist nur dann anfechtbar, wenn der Irrthum aus der Verfügung zu entnehmen, oder die Voraussetzung in derselben ausdrücklich oder stillschweigend erklärt ist."

Diese Vorschrift steht im denkbar schärfsten Gegensatze zu den Lehren eines großen Theiles der neueren Wissenschaft.[152]) Ganz allgemein nimmt man nach Savigny's Vorgange an, daß letztwillige Verfügungen leichter wegen Irrthums anfechtbar sein sollen, als Verträge.[153]) Der Entwurf bestimmt das Gegentheil. Man greift das Willensdogma in der Regel nur für den Verkehr an, für die letztwilligen Verfügungen

---

[152]) Vgl. aber auch Eisele, dogm. Jahrb. Bd. 23 S. 41.

[153]) Vgl. statt vieler jetzt Lenel, Archiv f. civ. Pr. Bd. 74 S 220 ff., Seuff. Archiv IV, 132.

will man es gelten lassen. Der Entwurf hält es aber umgekehrt für die Geschäfte unter Lebenden aufrecht, und hier, bei den letztwilligen Verfügungen, wo man es nicht ansicht, läßt er es fallen. Gerade bei ihnen kann man kaum von einer Verkehrssitte, welche den Inhalt der stillschweigenden Willenserklärungen zu bestimmen pflegt, reden, und doch wird gerade bei ihnen die stillschweigende Erklärung der Voraussetzungen für deren rechtliche Bedeutsamkeit erfordert.

Wenn viele Vertreter der Wissenschaft bisher anders dachten, so sind drei Gründe vornehmlich dafür angeführt worden. Zunächst ist der Urheber letztwilliger Verfügungen ein Wohlthäter, welchen der Bedachte nicht so hart an seinem Worte festhalten darf, wie es vielleicht dem Geschäftsmanne gestattet ist, dem gegenüber sich ein Wettbewerber auf dem Gebiete des Verkehrslebens in Vertragsbande verstrickt hat. Zweitens richtet sich die letztwillige Verfügung an einen unbestimmten Personenkreis, d. h. sie will nach ihrem Inhalte von diesem, nicht von bestimmten Einzelnen, beachtet werden [154]). Sobald also auch nur Einem gegenüber der wahre innere Wille des Testators fehlt, entbehrt die nicht gewollte Anordnung nach ihrem Sinne der Verpflichtungskraft [155]). Endlich, drittens, dient die letztwillige Verfügung von vorn herein nur dem Wunsche einer einzigen Person, welche sie daher widerrufen kann. Im zweiseitigen Vertrage dagegen finden sich die Bedürfnisse zweier Personen auf einem Mittelwege zusammen.

Sollten diese Gründe wirklich so wenig beachtenswerth sein, wie es nach der Bestimmung des Entwurfs den Anschein hat? — —

Zum Schlusse sei noch das Erbantretungsrecht kurz erwähnt.

Hier ist die Anfechtbarkeit der Antretung und Ausschlagung wegen Irrthums in einer neuen, weitgehenden Weise beschränkt worden.

Die Erbschafts-Ausschlagungserklärung soll nur in einem ganz seltenen Falle wegen Irrthums anfechtbar sein, wenn vor der Ausschlagung eines Pflichttheilsberechtigten eine ihm auferlegte Beschränkung oder Beschwerung oder Pflichttheilslast mit allen Wirkungen weggefallen, und der Wegfall zur Zeit der Ausschlagung ihm nicht bekannt gewesen ist (§ 2040). Die Annahmeerklärung aber soll überhaupt nicht mehr wegen Irrthums angefochten werden können (§ 2041).

---

[154]) Das gilt auch vom Damnationslegat, was Eisele in den dogm. Jahrb. Bd. 23 S. 41 dem Verf. gegenüber bestreitet. Es kommt dabei nicht auf die grammatikalische Form an, sondern darauf, ob die Erklärung nach ihrem Inhalte von einer unbestimmten Menge wahrgenommen werden will.

[155]) Leonhard, der Irrthum I S. 175.

Daß diese Abweichung vom alten Rechte, deren Folgen für die Irrenden sehr hart sein können, nothwendig war, ist mindestens zweifelhaft [156]). Sie wird sich überdies bei stillschweigenden Annahmeerklärungen (§ 2029) kaum handhaben lassen.

Sollte nicht das dunkle Gefühl, in der Annahme des Willensdogmas zu weit gegangen zu sein, auch hier den unbewußten Trieb erzeugt haben, die Folgen dieser Lehre so viel als möglich und vielleicht sogar noch darüber hinaus einzuschränken?

Capitel 4. Gegenvorschläge.

I. Bereits veröffentlichte Gegenvorschläge.

§ 18.

Wir sahen schon oben gelegentlich, daß die allgemeine Irrthumslehre des Entwurfs bei ihren Kritikern (Hölder, Schilling, Meischeider, Bähr, Hartmann, Hellmann, Unger) nirgends einen vollen Anklang, zum Theil sogar lebhaften Widerspruch gefunden hat.

Ein Gegenvorschlag ist jedoch nur von Bähr [157]) gemacht und von Hartmann [158]) gebilligt worden.

Derselbe lautet:

„Eine im Rechtsverkehre irrthümlich abgegebene Willenserklärung, welche mit dem wirklichen Willen des Urhebers nicht übereinstimmt, bindet gleichwohl diesen, wenn er sie in einer ihm zuzurechnenden Weise abgegeben hat.

Diese Vorschrift findet keine Anwendung, wenn der Empfänger der Willenserklärung den Irrthum kannte oder kennen mußte.

Sie findet ferner keine Anwendung, wenn und soweit der Empfänger durch die Annahme der Erklärung eine Vermögenseinbuße nicht erlitten hat.“

Die drei Sätze dieses Gegenvorschlags müssen im Folgenden einzeln geprüft werden.

I. Bähr beginnt:

„Eine im Rechtsverkehre irrthümlich abgegebene Willenserklärung, welche mit dem wirklichen Willen des Urhebers nicht über-

[156]) Mot. V S. 511 ff.
[157]) Krit. V.J.Schr. 30 S. 18.
[158]) Archiv f. civ. Pr. Bd. 73 S. 332.

einstimmt, bindet gleichwohl diesen, wenn er sie in einer ihm zuzurechnenden Weise abgegeben hat."

Dieser Satz ist überaus billigenswerth, nur meines Erachtens völlig unnöthig. Nachdem das Gesetzbuch einmal bestimmt hat, daß gewisse Willenserklärungen binden, braucht es nicht erst hinzuzufügen, daß dies auch dann gilt, wenn sie mit dem wirklichen Willen des Urhebers nicht übereinstimmen, etwa ebenso wenig, wie eine Zeugenvorladung des Zusatzes bedarf, daß sie auch bei schlechtem Wetter gelten soll.

Obwohl also § 97 und mit ihm § 117 im Eingang wegfallen müssen, so ist es doch nicht nöthig, daß ihr selbstverständliches Gegentheil erst noch besonders versichert werden muß.

II. Bähr fährt fort:

„Diese Vorschrift findet keine Anwendung (d. h. also eine Erklärung ist wegen Irrthums, der den wirklichen Willen ausschließt, nichtig), wenn der Empfänger der Willenserklärung den Irrthum kannte oder kennen mußte."

Auch dieser Satz ist durchaus richtig. Allein er ist gleichfalls überflüssig und deckt dazu nicht ganz dasjenige, was Bähr wahrscheinlich sagen wollte.

Ueberflüssig ist er, weil er aus allgemeinen Auslegungsgrundsätzen folgt[159]). Nach heutigem Rechte darf der Erklärungsempfänger sich nicht an die Worte des Erklärenden anklammern, er muß fragen, was dieser wirklich gewollt hat. Findet er nun oder muß er finden, daß dieser das Gesagte nicht will, nun, so hat überhaupt die Erklärung, welche vor ihrem Empfänger steht, nicht den Sinn einer ihn berechtigenden, verbindlichen Anordnung. Hier fehlt also schon nach den allgemeinen Auslegungsgrundsätzen eine gültige Erklärung.

Ueberdies hat hier Bähr anscheinend zweierlei verwechselt. „Erkennbarkeit des Irrthums" und „Erkennbarkeit der Zumuthung, daß die Erklärung für den Fall eines solchen Irrthums nicht gelten soll".[160]) Nur eine solche Zumuthung muß aus dem Verhalten des Irrenden oder aus der Verkehrssitte, welche die Bedeutung dieses Verhaltens erklärt und ergänzt, erkennbar sein, nicht der Irrthum selber. Namentlich, wenn beide Parteien über einen Punkt irren, der für beide entscheidend ist, oder von dem auch nur Einer erklärt, daß er bei seiner Unrichtigkeit die

---

[159]) Vgl. hierzu Leonhard, der Irrthum Bd. I § 9.

[160]) Vgl. hierzu Leonhard, der Irrthum Bd. II S. 528 und Nachtr. S. 592, Graf Piniński a. a. O. II S. 456 ff.

angeordneten Geschäftsfolgen nicht wünsche, so muß der Vertrag ungültig sein [161]). Wenn z. B. in einer Notariatsstube, in welcher mehrere Vertragsurkunden zu gleicher Zeit ausgearbeitet werden, A und B den Vertrag unterschreiben, welcher für X und Y bestimmt war, so kann dieser Umstand sie nicht binden, gleichviel ob ihr Irrthum ein durch die Umstände (z. B. die irrige Versicherung des Notars, es sei ihnen die richtige Urkunde vorgelegt,) entschuldigt war oder nicht.

Dies würde übrigens auch gelten, wenn die (hiernach meines Erachtens nicht ausreichende) von Bähr vorgeschlagene Bestimmung wirklich zum Gesetze werden sollte.

III. Bähr's dritter Satz lautet:

„Sie findet ferner keine Anwendung (d. h. eine Erklärung ist nichtig, sobald ihr Inhalt wegen Irrthums nicht gewollt ist), wenn und soweit der Empfänger durch die Annahme der Erklärung eine Vermögenseinbuße nicht erlitten hat.“ [162])

Diese Bestimmung enthält, wenn der Verfasser sie richtig versteht, eine Ausnahme für die „einseitig belastenden Verträge“ und entspricht durchaus einer Lehre, welche der Verfasser dieses Gutachtens aus den Quellen heraus zu entwickeln versucht hat. [163])

Dieser hat also sicherlich keine Veranlassung, Bähr's Vorschlag zu widersprechen, hält jedoch eine gesetzliche Bestätigung seines Inhalts nicht für nöthig, weil dieser Inhalt schon aus dem Gebote der guten Treue und aus der Verkehrssitte folgt. Gerade wie bei der Unterscheidung der Fälle, in denen Jemand aus einem Vertrage für culpa lata haftet, von denjenigen, bei welchen er nur für culpa levis einsteht, muß auch hier derjenige, welcher von einem Geschäfte selbst Vortheil erwartet, strenger behandelt, d. h. in einem Rechte zur Berufung auf seinen Irrthum mehr beschränkt werden, als ein uneigennütziger Wohlthäter.

Rückblickend bemerkt also der Verfasser, daß er die Vorschläge Bähr's in ihrem Inhalte billigt, ihre Aufnahme in das Gesetzbuch aber nicht für nöthig hält.

Dasselbe gilt von den Vorschlägen, welche Werthauer in seiner

---

[161]) Vgl. hierzu auch Unger a. a. O. S. 689 Anm. 43.

[162]) Sie läßt freilich noch eine andere Deutung zu: „Rücktrittsrecht des Irrenden, solange sich sein Vertragsgenosse noch nicht wegen der irrigen Erklärung in Auslagen gestürzt hat.“

[163]) Leonhard, der Irrthum Bd. II S. 363 ff. § 21.

Schrift: „Ueber den Einfluß des Irrthums auf Verträge"[164]) schon vor dem Erscheinen des Entwurfs gemacht hat.

Werthauers Ansicht weicht von derjenigen Bähr's und des Verfassers nur in folgenden Punkten ab:

I. Werthauer unterscheidet den Irrthum bei der Erklärung der Absicht und denjenigen bei der Bestimmung der Absicht.

Ein solcher Unterschied ist für die psychologische Betrachtung allerdings vorhanden. Am deutlichsten sieht man dies da, wo Jemand im Auslande ein Vertragsanerbieten zunächst in seiner Muttersprache niederschreibt und es hinterher in die Sprache des Landes übersetzt. Hier kann bei beiden Theilen seines Verhaltens ein verhängnißvoller Irrthum vorkommen. Das Gleiche ist aber auch der Fall, wenn Jemand einen Gedanken in der gewählten Redeweise seines Umgangskreises faßt und ihn dann in die volksthümliche Sprache einkleidet, um ihn einem schlichten Manne verständlich zu machen.

Allein, was in der psychologischen Betrachtung verschieden ist, ist darum noch nicht in der juristischen Behandlung zu trennen. Einen zureichenden Grund für den Gesetzgeber, die genannten beiden Fälle in verschiedener Weise zu behandeln, hat Werthauer m. E. nicht beizubringen vermocht.

II. Werthauer bevorzugt neben den unentgeltlichen Verträgen auch die dinglichen. Dies hängt mit der oben bestrittenen und von ihm angenommenen abstracten Natur dieser Geschäfte zusammen.

III. Werthauer will die Anfechtung der Geschäfte, „wenn die Richtigkeit des Beweggrundes zur (stillschweigenden oder ausdrücklichen) Bedingung" (hier müßte noch eingeschoben werden „der Geschäftsgültigkeit") „erhoben worden ist", nach den „Vorschriften über die auflösende Bedingung" beurtheilt sehen.

Dieser Satz würde m. E. in ein Lehrbuch, nicht in ein Gesetzbuch gehören. Daher ist hier von seiner näheren Prüfung Abstand genommen.

IV. Werthauer will, wenn der Verfasser ihn recht versteht, auch noch in folgenden drei Fällen die Nichtigkeit des Vertrages festgesetzt wissen:

a) wenn beide Parteien den durch Zustimmung (z. B. Unterschrift) anerkannten Vertragsinhalt wegen desselben Irrthums nicht wünschen;

---

164) Breslau, 1887, beurtheilt von Lotmar in der Krit. V.J.Schr. Bd. 31 S. 304 ff.

b) wenn beide Parteien Erklärungen abgegeben haben, die sich in einem anscheinend für einen der Erklärenden oder beide entscheidenden Punkte nicht decken;

c) wenn sie mehrdeutige Erklärungen abgegeben haben, und ihre innere Einigkeit über die eine der mehreren Deutungen nicht möglich ist.

Daß in diesen drei Fällen der Vertrag nichtig ist, ist allerdings zweifellos.[165]) Allein kein Richter würde wohl auf den Gedanken kommen, das Gegentheil anzunehmen, daher denn der Gesetzgeber hierüber besser schweigt.

Zum Schlusse muß nochmals hervorgehoben werden, daß außer diesen untergeordneten Bedenken gegen den Hauptinhalt der Vorschläge Werthauer's sich nichts einwenden läßt.

II. Versuch eigener Gegenvorschläge.

§ 19.

Wenn der Verfasser Gegenvorschläge machen wollte, so müßten sie nach dem Vorstehenden folgendermaßen lauten:

I. „Eine Willenserklärung ist wegen Irrthums nichtig, wenn für den Fall solchen Irrthums durch die erkennbare Bestimmung des Irrenden oder die (nach allgemeinen Grundsätzen) ihren Inhalt ergänzende Verkehrssitte ihre Nichtigkeit angeordnet ist."

II. Auch außerdem kann der Urheber einer Willenserklärung von derselben zurücktreten, wenn sie seiner Absicht nicht entsprach und

1. der Irrthum entschuldbar war,
2. keine Gefahr vorliegt, daß er betrüglicher Weise vorgeschützt wird,
3. derjenige, welcher sich auf die Erklärung verlassen mußte, von dem Irrenden in Geld entschädigt wird, und
4. sein Schaden aus der Auflösung des Vertrages in Geld ausgeglichen werden kann.

III. Gegen Rechtsnachfolger des Vertragsgenossen darf der Irrende dieses Recht nur ausüben, soweit dem nicht die allgemeinen Grundsätze über den Erwerb red-

---

[165]) Leonhard, der Irrthum II § 19, § 22, I S. 186 ff.

licher Dritter entgegenstehen, oder der Sinn der gepflogenen Abrede widerspricht.

IV. Ein gleiches Rücktrittsrecht steht dem Absender einer Erklärung zu, wenn diese seiner Absicht bei ihrer Ankunft nicht entspricht, weil sie ohne seine Schuld unterwegs entstellt und in solchem Zustande angekommen ist, ohne daß dies der Empfänger bemerken mußte. (Ein Ersatz für § 101, in welchem die Bezeichnung der Telegraphenanstalt und ähnlicher Beförderungswerkzeuge als „Mittelsperson" nicht ohne sprachliche Härte ist.)

Alle diese Sätze sind freilich, wie wir sahen, selbstverständlich und daher von ihrer besonderen Anerkennung unabhängig.

Noch eine Frage ist unerledigt: „Nichtigkeit oder Anfechtbarkeit?" Soll das durch einen geschäftshindernden Irrthum erzeugte Geschäft so lange gelten, bis eine besondere Anfechtungserklärung es wegräumt, oder auch ohne das ungültig sein.[166])

Da wir sahen, daß die Irrthumsfrage eine Auslegungsfrage ist, die Erklärung also für den Fall des geschäftshindernden Irrthums nichts anordnet, so müßte man ihr, wenn man ihre bloße Anfechtbarkeit annehmen wollte, gewissermaßen eine nach ihrem Inhalte unerwünschte vorläufige Wirksamkeit aufdrängen. Hierzu liegt kein Bedürfniß vor.

Was ferner die Heilbarkeit des nichtigen Geschäfts betrifft,[167]) so ist auch sie eine Auslegungsfrage. Gerade deshalb wird es keinem Zweifel unterliegen können, daß der Irrende sich dann das Recht vorbehält, die Erklärung zu heilen, wenn der Irrthum nur ihn allein in eine schmerzliche Enttäuschung bringt. Betrifft er aber einen Umstand, der für beide Theile gleich wichtig ist, z. B. wenn ein falsches Haus verkauft ist, welches der Verkäufer nicht entbehren, und der Käufer nicht brauchen kann, so können nur beide Theile zusammen das Geschäft heilen, nicht einer allein. Wo nun aber der Eine der durch einen geschäftshindernden Irrthum Enttäuschte ist und den Andern dadurch mißhandelt, daß er sich eine Heilungserklärung vorbehält und so die Nichtigkeitsklage beständig über dem Haupte seines Vertragsgenossen als Da-

---

[166]) Vgl. hierzu Förster-Eccius, Theorie und Praxis Bd. I § 30, Dernburg, Preuß. Privatrecht Bd. I § 108, Leske, der Entwurf eines bürgerlichen Gesetzbuches, Leipzig, Veit & Co., 1889, S. 11 Anm. 2, Seuffert, Archiv Bd. V Nr. 153.

[167]) Die unklaren Ausdrücke „absolut" und „relativ" vermeidet der Verf. grundsätzlich hier wie sonst. Auch die Worte „subjectiv" und „objectiv" sind wegen ihrer Mehrdeutigkeit thunlichst vermieden.

mokelesschwert schweben läßt, da wird dieser sich durch eine Feststellungsklage (§ 231 C.P.O.) helfen können, welche die Nichtigkeit endgültig feststellt, sofern sich nicht der Verklagte (der aber auch dann auf alle Fälle die Proceßkosten tragen muß) bis zum Urtheile entschließt, das Geschäft zu heilen.

Alle diese Dinge bedürfen m. E. einer gesetzlichen Regelung selbst dann nicht, wenn man den vorstehenden Vorschlägen zustimmt.

Das Gleiche gilt von der bekannten im Hauptpunkte richtigen, neuerdings freilich mehrfach angezweifelten Lehre von Savigny,[168]) daß der Irrthum, welcher die Willenserklärung nach ihrem eigenen Sinne als ungültig erscheinen läßt, auch ohne Entschuldbarkeit berücksichtigt werden muß.[169])

Am besten würde es freilich sein, wenn das neue Gesetzbuch über die allgemeine Irrthumslehre gänzlich schwiege. Es stehen hier in der Wissenschaft zwei unversöhnliche Parteien einander gegenüber, die Anhänger des Willensdogmas und die Freunde der Zuverlässigkeitslehre. Hie Einzelwille, hie Verkehrswohl, so lautet der Schlachtruf der Streiter. Was dem Einen recht ist, ist dem Andern billig. Wie es die Anhänger der Zuverlässigkeitslehre als Härte empfinden, daß der Entwurf ihnen die Vertheidigung ihrer Sache abschneiden will, so müssen sie einen ähnlichen Gewaltact gegenüber ihren Gegnern möglichst zu vermeiden suchen, sobald das Gesammtwohl es erlaubt oder gar verlangt.

Daß dies aber der Fall ist, soll im nächsten Abschnitte nachgewiesen werden.

Zweiter Abschnitt.

Rechtfertigung der vorgeschlagenen Herstellung einer Gesetzbuchslücke.

Cap. 1. Zulässigkeit von Gesetzbuchslücken.

I. Der erforderliche Gesetzbuchsinhalt.

a) Die Veranlassung der Gesetze.

§ 20.

So weit der Gesetzbuchsinhalt reichen muß, so weit sind Lücken unzulässig. Wie weit er aber gehen soll, ergiebt sich aus seinem Zwecke.

---

[168]) Dernburg, Pand. I § 101 und Graf Piniński, a. a. O. Bd. II S. 408ff., welche mit der herrschenden Meinung die Ansicht Savigny's anders auffassen.

[169]) Richtig Seuff, Arch. VII, 19, IX, 141, 261, vgl. Leonhard, der Irrthum Bd. II S. 520 ff.

Den Zweck einer Einrichtung erkennt man bekanntlich am besten nicht da, wo sie gilt, — dort hält man sie meist für selbstverständlich —, sondern nur da, wo sie fehlt, und wo ein dringendes Bedürfniß eine zunächst unbefriedigte Sehnsucht nach ihr erzeugt.

So verhält es sich auch mit den Gesetzbüchern.

Wir müssen in die gesetzlosen Zeiten der Weltgeschichte blicken, die Klagerufe der Plebejer vor der Herstellung der zwölf Tafeln nicht minder anhören, wie diejenigen der deutschen Kaufherren in der Faustrechtszeit, um zu verstehen, warum man dort ein Gesetzeswerk schuf und hier ein solches aufnahm.

Die Ursachen solcher Rechtserneuerung sind immer die Mangelhaftigkeit der Rechtspflege und die Rücksichtslosigkeit mächtiger Rechtsgenossen, dieselben Erscheinungen, welche auch den großen Friedrich in so hohem Maße (vielleicht sogar in allzu hohem Maße) erbitterten und das Preußische Landrecht aus sich heraus geboren haben.

Und doch dürfen wir uns nicht verhehlen, daß solche Uebelstände nur Zeichen des Verfalls einer früher erträglichen Culturstufe sind. Wären sie von Anfang an unleidlich gewesen, so würde man sie nicht erst so spät bekämpft haben.

Wir müssen vielmehr annehmen, daß die Zeit des ungeschriebenen Rechts überall lange als etwas ganz Natürliches empfunden wurde, namentlich als die Kunst des Schreibens das Geheimniß eines bevorzugten Kreises war.

Wir dürfen jedoch nicht glauben, daß damals lediglich nach Gewohnheiten geurtheilt wurde. Selbst in verkehrsarmen Zeiten bilden sich nicht so viel Gewohnheiten, wie Gelegenheiten zu Streit und Kampf. Hier mußte der Richter (mochte es nun das Volk sein oder ein Einzelner) oft genug Recht erzeugen, weil er es nicht vorfand. Dies that er aber nicht willkürlich, sondern dem Gemeinwohl zu Liebe. Er richtete so, daß sein Urtheil ein gutes Beispiel gab, gemeinnütziges Streben anfeuerte und von gemeinschädlichem Begehren abschreckte.

Dieser ideale Zustand scheint Manchem noch jetzt begehrenswerth. Einer unserer geistvollsten Juristen wünscht ihn noch für die Gegenwart herbei [170]). Vom Standpunkte des Richters aus ist ein solches Begehren begreiflich. Ein Richter, den nur sein Gewissen bindet, der bei jedem Urtheil den Eindruck vorher berechnet, welchen es auf das Wohlverhalten der Rechtsgenossen zu machen verspricht, und hiernach der gemeinnützigeren

---

170) Bähr in den Grenzboten 1888 S. 391 ff., 450 ff.

Möglichkeit vor der minder gemeinnützigen, natürlich noch mehr vor der gemeinschädlichen, den Vorzug giebt, ein solcher Rechtspfleger ist in einer beneidenswerthen Lage und in einer bewunderungswürdigen Stellung.

Eine derartige fürstliche Machtvollkommenheit scheint in unserm Vaterlande in manchen Gebieten in der That dem gemeinrechtlichen Richter zugefallen zu sein. Während in den einen Theilen des Reiches der Richter nach einem bekannten Worte „ein wanderndes corpus juris" ist und sich gewissenhaft an Ulpian und Papinian ebenso anlehnt, wie der altpreußische Jurist an seine Landrechtsparagraphen, während man ferner in anderen Bezirken nicht den Gesetzestext von Justinian's Werk, sondern irgend ein Lehrbuch oder vielleicht auch mehrere als verbindlich anzusehen pflegt[171]), leitet man endlich auf noch andern Richterstühlen aus der Zweifelhaftigkeit der Texte und der Verschiedenheit der Lehrmeinungen einfach für sich das Recht her, mit derselben Unumschränktheit zu urtheilen, welche in alter Zeit den Gesetzgebungen vorausging. Um diesem Zustande ein entschuldigendes Mäntelchen umzuhängen, nennt man es Urtheilen „aus der Natur der Sache" (richtiger wäre: „aus der Natur der eigenen Person").

Unsere gemeinrechtlichen Juristen zerfallen daher in Diener der römischen Rechtsbücher, der Lehrbücher und der eigenen Einsicht.

Daß sich das Volk gerade bei den unumschränkten Rechtspflegern besonders schlecht steht, soll nicht behauptet werden. Im Gegentheil: das Publicum liebt vielleicht weit mehr einen Urtheilsfinder, der „aus der Natur der Sache" entscheidet, d. h. aus seinem eigenen Gedankenkreise, also aus Anschauungen, welche das Volk erforschen und berechnen kann, als einen solchen, der aus einem Gesetzbuche Recht schöpft, welches die Menge niemals wird verstehen können, mag es nun römischen oder deutschen Ursprungs sein, mag es sich Pandekten oder Sachsenspiegel nennen.

Wir begreifen daher, daß gerade aus der Mitte dieser unumschränkten Jurisprudenz der Wunsch ausgesprochen worden ist, ihren Zustand zu verallgemeinern. Ein Fürst, welcher mediatisirt werden soll, wird es jedenfalls lieber sehen, daß andere neben ihm in seinen Stand erhoben werden, als daß er selbst zu ihnen hinabsteigen muß.

Man darf hiergegen auch nicht etwa behaupten wollen, daß unsere

---

171) Die Bemerkung des altpreußischen Juristen, über welche Bähr a. a. O. S. 455 Anm. sich beklagt, war allem Anscheine nach durch die Beobachtung thatsächlicher Verhältnisse verursacht.

Richter solcher Stellung nicht gewachsen sein würden. An Wohlwollen, Gewissenhaftigkeit und Durchbildung lassen sie vielmehr nichts zu wünschen übrig. Die Vorwürfe, welche Friedrich Wilhelm I. und Friedrich II. gegen den Richterstand ihrer Zeit erhoben haben, treffen sicherlich heutzutage nicht mehr zu.

Trotzdem wird die Mehrzahl der Juristen einen solchen Machtzuwachs ablehnen, am entschiedensten werden es wohl diejenigen thun, welche mit dem Schreiber dieser Zeilen die mit Unrecht bisweilen verkannte, strenge altpreußische Ausbildung genossen haben.

Diese sind zu der Erkenntniß erzogen, daß mit der Macht die strengste Verantwortlichkeit verbunden ist und wo diese letztere nicht mehr mit ruhigem Gewissen getragen werden kann, da darf auch die Macht nicht begehrt werden.

So liegt es aber hier. Man denke sich in die Lage des Richters, der „aus der Natur der Sache“ schöpfen, d. h. solche Urtheile fällen soll, die ihm in ihren Nachwirkungen auf die Seelen der Rechtsgenossen gemeinnützig zu sein scheinen. Ein solcher würde sich die Fragen aufwerfen müssen: „Kann ich die Einwirkungen meiner Urtheile auf das Volk auch nur mit annähernder Sicherheit vorausbestimmen? Kann ich genau wissen, was „gemeinnützig“ ist, da ich von meinem Vaterlande doch nur einen kleinen Bezirk beobachtet habe und in diesem auch nur einen kleinen Personenkreis, der nicht immer gerade den gewähltesten Theil der menschlichen Gesellschaft darstellt?“

Wenn er ein ehrlicher Mann ist, so muß er diese Fragen verneinen. Er kann namentlich auch nicht auf Bücher verwiesen werden; denn diese wimmeln von Meinungsverschiedenheiten, bei denen nur die eigene Erfahrung den Ausschlag geben kann.

Dieser Uebelstand wird immer größer, je höher der Reichthum, je höher die Bildung eines Landstriches steigt. Ein armseliges Dörflein kann man wohl in seinem Inhalte, wie in seinem Zusammenhange mit dem übrigen Vaterlande völlig übersehen und daher dort dasjenige, was gemeinnützig ist, ziemlich leicht feststellen. Je höher aber das Maß der Durchschnittskenntnisse wächst, je mannigfacher die Erfahrungen und Wünsche der Einzelnen sind, desto unvollkommener wird das Gesammtbild seines Sprengels sich in des Richters Seele bilden, und desto größer die Gefahr sein, daß dasselbe Bild bei verschiedenen Rechtspflegern ganz verschieden ausfällt. Namentlich aber wird es sich hier immer mehr von den unvollkommenen Zerrbildern abheben, welche der Privatmann sich innerhalb eines undurchsichtigen Gewimmels von dem großen Ganzen bilden muß. Hier gehen die Ansichten immer mehr aus einander. Die Richter trennen sich in ihrer Denkart unter einander und mehr noch von den Gerichtseingesessenen. In den größeren Städten kann man dies genau beobachten.

Der höhere Bildungsgrad und der höhere Reichthum müssen also die innere Gleichartigkeit der Volksgenossen trüben und somit ein volksthümliches Recht unmöglich machen. Je mehr das Volk vom Baume der Erkenntniß ißt, desto mehr wird es aus den paradiesischen Zuständen einer gesetzlosen Rechtspflege hinaus gedrängt.

Darum sind es nicht gerade die reichsten und kenntnißvollsten Landstriche, in denen sich das Urtheilen „aus der Natur der Sache" zu erhalten vermocht hat.

Die Zerklüftung der Rechtsansichten ist also die Quelle des Gesetzgebungsbedürfnisses. Das Ziel des Gesetzbuchs aber ist, ihr ein Gegengewicht zu bieten.

b) Ziele und Mittel der Gesetzgebung.

α) Die Gesetzgebungsziele.

§ 21.

Die soeben klar gelegten Uebelstände der Gesetzlosigkeit, (welche durchaus noch keine Rechtlosigkeit zu sein braucht), weisen uns auf die Ziele des Gesetzgebers hin; genau so wie der Inhalt des ärztlichen Recepts aus der Krankheit des Patienten gefolgert werden kann.

Das Gesetzbuch ist ein Gegengewicht wider die Zerklüftung der Meinungen über dasjenige Verhalten, welches als gemeinnützig zu gelten hat.

Es ist zugleich ein Gegengewicht wider richterliche Abwege und wider die Rechtsverwirrung in den Seelen der einzelnen Rechtsgenossen. Wo die Richter allzu verschieden denken, da lähmt jeder Wechsel in der Person des Rechtspflegers das Vertrauen auf den voraussichtlichen Inhalt seiner Sprüche. Abhängigkeits- und Sicherheitsgefühl mindern sich. Der Böse fürchtet nicht mehr das Schwert der Themis, der Wohlmeinende glaubt nicht mehr an das Gleichmaß ihrer Wage. Beiden Uebelständen hilft der Gesetzgeber ab.

Aber auch die Zersplitterung der Rechtsgedanken des Volkes bedarf des Gegengewichtes. Das gegenseitige Vertrauen, die Vorbedingung des Verkehrs und Volkswohlstandes, erlahmt nicht bloß da, wo die sittliche Zuverlässigkeit schwankt, sondern schon da, wo die Ansichten über dasjenige, was sie gebietet, sich zerklüften.

Auch hiergegen muß die Gesetzesvorschrift ankämpfen.

Beide Ziele, den Streit wider die richterlichen und wider die allgemeinen inneren Zersplitterungen, theilt die Gesetzgebung mit dem Unterrichtswesen, das in gleicher Weise einend wirkt.

Eine Einigung der verschiedenen Ansichten ist aber nur möglich durch eine Wahl unter ihnen oder durch Aufstellung einer neuen Meinung statt ihrer.

Hier muß der Gesetzgeber die verschiedenen Rechtssätze nach ihrer Wirkung prüfen, die sie erfahrungsmäßig und voraussichtlich auf das Verhalten des Volks ausüben werden. Er darf hierbei nie vergessen, daß nicht er allein es ist, welcher die Menschen lenkt, sondern daß neben ihm Sitte, Religion, Selbstsucht, Liebe und andere Mächte den Einzelnen bestimmen und in der Diagonale aller der verschiedenen Kräfte vorwärts treiben, welche auf ihn wirken, und von welchen das Gesetz nur eine einzige ist.

Hätte man dies sich klar gemacht, so würde man den „Entwurf" minder ungünstig beurtheilt haben, als es geschehen ist. Der Entwurf hat sich auf das Nothwendige beschränkt und zweifellos conservativen Bestrebungen im besten Sinne des Wortes gehuldigt. Schon in dieser Hinsicht sollte man seinen Verfassern eine verdiente Anerkennung nicht verkürzen.

Gewöhnlich stellt man freilich das Ziel der Codification viel höher. Man verwechselt Gesetz und Recht, man beansprucht vom ersteren, daß es die volle Menge der gültigen und in der Praxis nöthigen Rechtsvorschriften in sich aufnehme, genau bestimme, wann der Richter Klagen zulassen und verweigern soll, wann der Privatmann etwas thun oder unterlassen muß, um fremde Rechte zu schonen.

Dieses Ziel ist einfach unerreichbar, und jeder Annäherungsversuch ist verfehlt. Man fesselt „den Geist in ein tönendes Wort", wenn man glaubt, die unendliche Menge des täglichen Lebens in feste Wortformeln zwängen zu können. Solcher Glaube entspringt nur der Studierstube und gedeiht nur beim trüben Lampenlichte. Wer das wirkliche Leben kennt, kann ihn nur als traurigen Wahn beklagen. Ein Gesetzgeber, der Alles sagen will, sagt schließlich nichts. Sein Werk wird unübersichtlich, widerspruchsvoll und innerlich planlos, so daß die leeren Stellen, die es schließlich doch übrig läßt, nicht verstopft werden können, und durch seine vielen inneren Räthsel zunächst zahllose Lücken des Rechtes neu entstehen.

Das Gesetzbuch kann sehr leicht mehr neue Zweifel schaffen, als es an alten beseitigt.

Recht und Gesetz bleiben also zweierlei. Wo das Gesetz schweigt oder mehrdeutig ist, da fängt das „bloße Recht" an. Dieses steht aber auch in unserer Zeit auf demselben Boden, den es in der Urzeit hatte, auf dem Boden des Gemeinwohls.

Diejenigen Grundsätze gelten also im Zweifel, welche die gemeinnützigen sind. Dies allein kann der räthselhafte „Geist" des § 1 des Entwurfs sein. [172]) Darüber, was nun zu unserer Zeit für ein Gerichtsgebiet gemeinnützig ist, werden sich natürlich die Meinungen niemals einigen, aber nur eine Ansicht kann die richtigste sein. Die wirklichen Volksbedürfnisse und die Lehren der Rechtsgeschichte geben die Antwort auf die gestellte Frage. Nur wer Beides genau kennt, ist ein brauchbarer Richter, er allein vermag die Gesetzesbestimmungen mit seiner eigenen Kenntniß und Denkkraft so weit zu ergänzen, daß sie vollständig genug werden, um anwendbar zu sein.

Es giebt also kein Gesetzbuch, das den Rechtsgenossen eine erschöpfende Anweisung zu einem rechtlichen Leben und den Urtheilsfindern eine erschöpfende Anweisung zu einem angemessenen Richten geben kann.

Am allerwenigsten können wir aber dem Gesetzbuche diejenige Aufgabe zuertheilen, welche man ihm früher stellte, namentlich zur Zeit der 12 Tafeln und auch im vorigen Jahrhundert in Preußen, nämlich das Ziel, gegen Nachlässigkeit und ungerechte Vorliebe des Richters eine einschränkende Macht zu bilden. Beide Fehler sind im Laufe der Weltgeschichte sicherlich vorgekommen, wenn sie auch glücklicher Weise unserm gegenwärtigen Richterstande fern sind. Die akademische Freiheit, die sittliche Kraft eines wissenschaftlichen, d. h. auf selbständige Quellenforschung gerichteten Denkens haben hier Wunder gewirkt. Die Zucht der praktischen Erziehung aber und die würdige Unabhängigkeit des Amtes haben das gewünschte Ergebniß vollendet.

Unsere Richter verdienen daher kein Mißtrauen. Allein wenn sie es verdienten, wenn wirklich richterliche „Willkür" (d. h. Ungebundenheit gegenüber der Stimme des Gewissens) zu befürchten wäre, so würde doch der Gesetzesbuchstabe ein schlechtes Gegenmittel wider dieses Uebel sein.

---

[172]) Bähr freilich spricht jetzt die Befürchtung aus (Kr. V.J.Schr. Bd. 31 S. 371), daß man in Zukunft unter dem „Geiste der Rechtsordnung" den Geist der Verfasser des Gesetzbuchs verstehen werde. Dies ist nicht anzunehmen. Die auf die Bedürfnisse des Volkswohls hinzielende Wissenschaft wird auch in Zukunft die Kraft besitzen, mit diesem Geist ein Wort zu reden.

Die Erfahrung hat gelehrt, daß überall, wo buchstäbliche Vorschriften herrschten, der Spitzfindige und Ungerechte über den ehrlichen, redlichen Mann weit eher zu triumphiren pflegte, als anderswo, der Richter aber doch Mittel und Wege fand, um den Scharfsinn des Gesetzgebers zu überbieten. Gerade dort entstand der Satz: „summum jus, summa injuria“. Ein unredlicher Richter kann durch das Gesetzeswort nicht beschränkt werden, er weiß es zu drehen und zu wenden. Ein Gesetzgeber, welcher glaubt, daß er ihm durch seine Worte hierbei ein Bein stellen kann, wird das Gegentheil von dem erreichen, was er beabsichtigt.

Wohl aber übt das Gewohnheitsrecht in Verbindung mit dem öffentlichen Verfahren auf den Richter einen psychologischen Druck aus, der ihm die Willkür erschwert. Ob ein Urtheilsspruch einen guten löblichen Brauch verletzt, das versteht das Volk, und wo der Richter dies nicht thun darf, da liegt seine Ungerechtigkeit offen zu Tage.

Diese Schranke gegen richterliche Willkür hat man freilich beseitigt (§ 2), und es ist vielleicht in der That kaum möglich, sie in ihrem vollen Umfange aufrecht zu erhalten. Wo es dem Privatmanne erlaubt ist, einer Gewohnheit zu folgen, von der er wissen muß, daß sie dem Gesetze widerspricht, da ist eine Rechtseinheit nicht erzielbar. Daß man jedoch die unbewußt gesetzwidrige Nachahmung einer anscheinend rechtmäßigen Gewohnheit diesem Falle gleichstellt, dürfte eine große Härte in sich bergen.

Selbst wenn also der Gesetzgeber nur „aufzeichnet“ (codificirt), muß er seine Arbeit lediglich nach ihrer voraussichtlichen Wirkung und in ihrem Zusammenhang mit dem gesammten Culturleben abschätzen, nicht nach der Absicht, erschöpfend zu sein oder des Richters Willkür zu beschränken.

Damit ist aber nur die eine Seite der Gesetzgebungsthätigkeit erläutert. Die Weltgeschichte kennt noch eine andere, die reformirende oder umgestaltende, wie sie z. B. der große Peter in Rußland übte. Diese ist die gefährlichere, weil sie mit unbekannten Größen rechnet, sie wird daher durch außerordentliche Nothstände bedingt, und ein Gesetzgeber, der sie ohne solche unausgesetzt anwenden würde, müßte in kurzer Zeit die Erinnerung an die Vergangenheit des Staats wegwischen, welche die Vaterlandsliebe erzeugt und damit den Hauptkitt der dauernden Einung der Volksgenossen zu einem Ganzen bildet.

Bei uns liegen solche dringende Nothstände zur Zeit nicht vor, wenigstens nicht in der Grenze der Aufgaben, welche das neue Gesetzbuch lösen soll.

Die Ziele unserer Gesetzgebung können also nur sein:

„Abwehr drohender Meinungsverschiedenheiten und im Nothfalle gemeinnützige Umgestaltungen der hergebrachten Grundsätze.“

β) Die Gesetzgebungsmittel.

§ 22.

Wenn soeben schon die Ziele der Gesetzgebung niedriger gesteckt worden sind, als sie der kühne Flug unmäßigen Begehrens festzusetzen pflegt, so wird ein Blick auf ihre Mittel uns noch mehr zur Bescheidenheit und Nüchternheit herabstimmen müssen.

Wie der verständige Denker seine Wünsche nach seinen Mitteln bemißt, so auch der Gesetzgeber. Seine Werkzeuge sind nichts als Worte.[173]) Diese Worte sollen in die Seele des Lesers dringen, dort in Verbindung mit dessen Vorkenntnissen Gedanken erzeugen, welche das Handeln des Denkenden bestimmen. Die Worte bergen aber in sich, strenge genommen, keinen Sinn, sondern empfangen ihn erst im Geiste dessen, der sie in sich aufnimmt, wie schon oben gelegentlich bemerkt wurde.

So steht denn zwischen dem Gesetzgeber und dem Erfolge, den sein Befehl anstrebt, das Mißverständniß als eine Schranke, über die seine Worte hinwegspringen müssen Natürlich wendet er sich nur an den Durchschnitt des denkbaren Leserkreises. Die Unglücklichen, denen es bestimmt ist, „non intelligere, quod omnes intelligunt“, kann er nicht bei dem Satzbau seiner Befehle in das Auge fassen, ebenso wenig wie die übergenialen Naturen, welche die leichteste Andeutung sofort ergänzen und zwischen den Zeilen lesen, was sie daselbst lesen sollen, bisweilen sogar noch mehr.

Um nun die Durchschnittsgröße der Fassungskraft seiner Leser abzumessen, muß sich der Gesetzgeber darüber klar werden, zu wem er eigentlich reden will. Die Gesetzgeber haben sich zu dieser Frage im Laufe der Zeiten in sehr verschiedener Weise gestellt. Das preußische Landrecht wollte zum Volke reden, die zwölf Tafeln thaten es, die deutschen Rechtsbücher versuchten es. Justinian's Codex verlangt es, handelt aber selbst nicht danach, denn daß die byzantinischen Proletarier Justinians Vorschrift über das beneficium inventarii u. dgl. begreifen konnten, ist kaum glaublich.

Solche Rede zum ganzen Volk, eine juristische Bergpredigt, wäre

---

[173]) Vgl. auch Franken, Vom Juristenrecht. Festgabe für Gneist. Jena, Fischer, 1888, S. 109.

allerdings etwas sehr Schönes.[174]) Allein läßt es sich wirklich auf höherer Bildungsstufe erreichen? Giebt es einen Popularschriftsteller, der die Lehre vom Conto-Current oder kaufmännischen Retentionsrechte so klar darstellen kann, daß unsere Tagelöhner sie mit Erfolg lesen können? Ich glaube nicht. Wer zum ganzen Volke reden will, muß gleich den lyrischen Richtern nur Gegenstände berühren, welche jeden angehen. Auf dem Rechtsgebiete gehören aber nur wenige Dinge in diesen allgemein menschlichen Gefühlskreis hinein, nur die Hauptsachen; das Meiste ist und bleibt jedoch für die Masse zu hoch.

Und doch soll und muß die Menge eine Möglichkeit haben, zur Kenntniß der Sätze zu gelangen, welche ihr Loos bestimmen. Es giebt da noch einen anderen Weg, welchen diejenigen nicht beachten, die durchaus das neue Gesetzbuch im Tone eines Volksbuches abgefaßt zu sehen wünschen.

Dieser Weg führt schließlich auch zum Volke. Freilich ist er nicht der nähere, aber er ist der bessere und ungefährlichere. Er wendet sich zunächst an den Richter und den Anwalt und durch diese hindurch an das Publikum. Der Anwalt räth seinen Clienten, wie sie sich verhalten müssen, um dem Rechte zu genügen. Einen gleichen stillschweigenden Rath ertheilen die richterlichen Sprüche. Was nach ihnen die Einsichtigen thun oder unterlassen, wird dann auf dem Wege der Nachahmung ein allgemeines Verhalten. Was also der Anwalt oder Richter aus dem Buche geschöpft hat, das wird auf diese Weise in einer ungeschriebenen Form geistiges Besitzthum der Massen.

Darum ist das Gewohnheitsrecht für den gemeinen Mann von so großem Werthe. In der Nachahmung des allgemeinen Verhaltens sieht er eine Möglichkeit, dem Gesetze zu genügen, das er unmittelbar nicht geistig beherrschen kann. Ein Gesetzbuch, welches in seiner Redeweise gerade zu ihm spricht, kann daher allenfalls das Gewohnheitsrecht verbieten, ein solches aber, das nur zum wissenschaftlich gebildeten Richter redet, sollte es nicht thun.

Wenn man jetzt dem gemeinen Mann, der das Gesetzbuch nicht begreifen, sich also nur nach Gewohnheiten richten kann, die Befugniß abschneiden will, sich auf diese zu berufen, wenn man ihn also an Vorschriften binden will, die er bei dem besten Willen nicht erkennen kann, so liegt dem ein Mangel an Beobachtungsgabe gegenüber den Leiden der Mitmenschen zu Grunde.

---

[174]) Vgl. auch Zitelmann, Die Rechtsgeschäfte im Entwurf, Berlin 1889, S. 1.

Hieraus ergiebt sich, daß der Gesetzgeber das Recht hat, sich in seiner Redeweise an die Fassungskraft des Richters anzulehnen. Nur darf er nicht in seinen Anforderungen auch über sie hinausgehen und daher auch nicht die Sprache jener Gelehrten reden, welche sich dessen rühmten, daß sie von Niemand verstanden werden könnten.[175])

Auch in dieser Hinsicht scheint dem Verfasser der Entwurf nur in einzelnen wenigen Theilen aus den gegebenen Schranken herausgetreten zu sein. Wo dies der Fall ist, wo er also mißverständlich ist, wird er nicht bis in das Volk dringen, weil er schon auf dem Wege dahin unverstanden bleiben und somit in seiner Kraft erlahmen wird.

Nur was in das Volk dringt, vermag dort zu wirken. Entscheidungen, welche überraschend wirken, weil man sie nicht erwartet, sind mehr unheilvoll als segensreich. Solche hervorzurufen, muß der Gesetzgeber vermeiden, und darum sollte die Irrthumslehre in ihrer gegenwärtigen Gestalt nicht stehen bleiben.

II. Der Zweck der Gesetzgebungslücken.[176])

§ 23.

Wir sehen aus dem Vorhergehenden, wie weit Gesetzeslücken möglich, und wie weit sie nöthig sind.

Möglich erscheinen sie uns überall da, wo sich die Gesetzgebungsziele nicht mit den Gesetzgebungsmitteln voll und ganz erreichen lassen.

Wo daher die Meinungen der Richter und der Rechtsgenossen nicht also zersplittert oder auf Abwege gerathen sind, daß der Gesetzgeber Veranlassung hat, sie in eine bestimmte Bahn zu zwingen, da erscheint die Gesetzgebung überflüssig. Sie ist es aber auch überall da, wo andere Mittel auf den rechten Weg leiten, wo Verkehrssitte und Wissenschaft, Takt und Einsicht des Richters des gesetzgeberischen Gängelbandes nicht bedürfen. Endlich da, wo die Aussicht, zum Volke durchzudringen und auf das Volk zu wirken, fehlt.

Die Nothwendigkeit der Lücken ergiebt sich aber auch gleichfalls aus dem oben Ausgeführten. Der Gesetzgeber muß da eine Lücke lassen, wo seine Bestimmung mehr Nachtheile erzeugen wird, als Vortheile, wo sich das Mißverständniß einzustellen droht, und nach menschlicher Voraussicht die Gefahr neuer Zweifel und Zersplitterungen größer ist, als die Hoffnung auf Beseitigung der vorhandenen.

---

175) Vgl. auch Meischeider a. a. O. S 99.

176) Vgl. auch Hölder, Ueber den Entwurf eines deutschen bürgerlichen Gesetzbuches, Erlangen u. Leipzig, 1889, S. 23 ff.

Wir müssen es daher als eine lobenswerthe Enthaltsamkeit rühmen, daß der Entwurf sich nicht gescheut hat, an vielen überaus wichtigen Stellen mit nahe liegenden Bestimmungen zurückzuhalten.

Die gesetzlichen Schranken, welche in Zukunft den Richter gleich einer Mauer umgeben sollen, sind also in überaus verständiger Weise durch zahlreiche Luft- und Lichtlöcher durchbrochen worden, damit der Richter durch sie auf das freie Gefilde der Wissenschaft hinausblicken kann.

Es ist hier ein Hauptfehler des Allgemeinen Preußischen Landrechts vermieden worden, welches sowohl seine Richter wie seine Unterthanen durch einen förmlichen Festungswall von den „Meinungen der Rechtslehrer" abzuschneiden suchte [177].

Capitel 2. Anwendung der gefundenen Grundsätze auf den Entwurf.

I. Auf die Irrthumslehre.

§ 24.

Wenden wir die gefundenen Grundsätze auf die allgemeine Irrthumslehre des Entwurfes an, so können wir an der Möglichkeit, die §§ 98 bis 102 (meines Erachtens auch den dunkeln § 97) wegzulassen, kaum zweifeln.

Man mag über die Irrthumslehre bei Verträgen denken, wie man will, eines sollte man zugeben, daß sich die Verkehrssitte und die Praxis im Großen und Ganzen des rechten Weges wohl bewußt sind. Sie beachten, daß man an seinem Worte festhalten muß, daß Irrthümer also nur da Ungültigkeitsgründe sein können, wo Parteierklärung oder Verkehrsbrauch sie als solche ausdrücklich oder stillschweigend bezeichnen. Kaufleute, welche darüber hinaus Ausflüchte machen, pflegen trotz der herrschenden Meinung der Juristenwelt ihre Kunden zu verlieren, und auch der Buchstabe des Gesetzes, welcher in den Kreisen des Volkes mit Recht die höchste Beachtung zu finden pflegt, würde an dieser Thatsache nichts zu ändern vermögen.

Ist dem so, wozu soll dann der Widerspruch zwischen der Verkehrssitte und der Gelehrtenwelt unnöthiger Weise in volle Beleuchtung gerückt werden? Will man ihn durchaus aus einer vollkommen verständlichen Achtung vor den Vertretern der herrschenden Meinung aufrecht erhalten,

---

[177]) Einleitung zum Allg. Pr. Landrechte § 6.

so mag man ihm schlimmsten Falls in den „Motiven" huldigen, aber ihn nicht in das Gesetzbuch aufnehmen. Jener Grundsatz des Entwurfs, welcher dem Vertragschließenden das Recht giebt, seine eigenen, unerkennbar gebliebenen Wünsche zum Maßstabe für die Gültigkeit eines Vertrages zu machen, auf welchen sein Vertragsgenosse sicher rechnet, sollte dem Lehrstuhl und dem Lehrbuche als deren ausschließliches Besitzthum erhalten bleiben. Wenn er wirklich richtig ist, so wird er seine Lebenskraft bei der ergänzenden Auslegung des Gesetzbuches bewähren. Wir aber, die wir ihn für falsch und schädlich halten, werden dann später eine um so durchgreifendere Niederlage erleiden. Warum will man uns, statt uns durch Widerlegung langsam zu beseitigen, mit den Keulenschlägen der Gesetzesparagraphen niederschmettern? Ein solcher Sieg könnte doch vor dem Forum der Rechtsgeschichte und der Wissenschaft nur als ein Pyrrhussieg gelten.

Man sehe sich ferner diese §§ 97 ff. näher an und frage sich: Werden nicht aus ihnen ebenso viel Zweifel entstehen, als sie in der jetzigen Wissenschaft vorhanden sind? Die Begriffe „Mangel der Uebereinstimmung des wirklichen Willens mit dem erklärten Willen" „Rechtsgeschäft anderer Art", „Nichtigkeit einer Vertragserklärung" (während doch zum Vertrage zwei Erklärungen nöthig sind), der in der Art seiner Abmessung nicht näher bestimmte „Schadensersatz" der §§ 97, 99, die „Mittelsperson" des § 101, „der Irrthum in den Beweggründen" und dergleichen mehr, alle diese fragwürdigen Ausdrücke werden eine Fluth von Streitigkeiten erzeugen, bei deren bloßer Vorahnung es den Freund einer schlichten und gemeinverständlichen Rechtspflege eiskalt überläuft.

Allein selbst diejenigen, welche im Gesetze einen Zügel sehen, durch welchen richterliche Willkürgelüste gebändigt werden müssen, werden von diesem ihren Standpunkte aus mit dem Entwurfe nicht zufrieden sein können. Je nachdem der Richter eine bestimmte Fahrlässigkeit für „grob" hält oder nicht, darf er einen Vertrag gelten lassen oder nicht. Die Feststellung dieser „groben" Fahrlässigkeit beruht aber auf einer sehr feinen Unterscheidung, welche der Oberrichter nicht wird prüfend beaufsichtigen können. Man denke sich übrigens in die Seele eines Richters, der in der Lage ist, durch eine derartige Entscheidung die eine der beiden Parteien an den Bettelstab bringen zu müssen.

Die allgemeine Irrthumslehre kann hiernach offen bleiben, sie muß es aber auch. Wie sollten wohl die zweifelsreichen Vorschriften der §§ 97 ff. auf dem gewöhnlichen Wege, der vom Gesetzgeber zum Volke führt, dem letzteren innerlich zugänglich werden? Unterwegs, in den

Köpfen der Juristen würden sie von der düstern Gewitterwolke undurchdringlichen Tiefsinns verhüllt werden, aus welcher verkehrsverletzende Blitzstrahlen in der Form unbegreiflicher Entscheidungen hervorbrechen müßten. Das Volk würde aber meinen, daß man ihm in der neuen Vertragslehre statt des erwünschten Brotes, wenn auch nicht einen Stein, so doch einen Leckerbissen vorgesetzt hat, welcher nur für juristische Feinschmecker genießbar ist.

Aber auch wenn die richtige Irrthumslehre an die Stelle der falschen gesetzt werden sollte, so würde damit etwas Ueberflüssiges geschehen. Vor Allem aber würden dann die Vertreter der herrschenden Meinung Gelegenheit haben, in den Hauptgrundlagen des Rechts einen Gegensatz zwischen römischem und deutschem Rechte zu lehren, welcher die ohnehin bedauerliche Abnahme der Freude am Quellen-Studium noch weiter abschwächen würde. Wo dieses Studium aber erlahmt, da geht etwas verloren, was viel wichtiger ist, als ein gutes Gesetzbuch, nämlich die richterliche Tüchtigkeit. Das Beobachten verwickelter Verhältnisse, ihre Auflösung in die Bestandtheile, sowie ihre möglichst schlichte Darstellung, diese drei Tugenden kann der Jurist nur an den antiken Mustern lernen, gerade wie der Bildhauer der Vorbilder des Alterthums nicht entrathen kann. Es ist nicht das römische Recht, was wir lehren und lernen, sondern die römische Beobachtungs- und Darstellungskunst.

Mag immerhin das Willensdogma noch eine Weile eine Lücke des Gesetzbuches füllen, wenn nur die Fühlung mit dem Boden der römischen Quellen nicht verloren geht. Sie würde es, sobald man glaubte, diese Texte in den Grundgedanken ihres Rechts mißbilligen zu müssen. Aus ihrem Boden werden und sollen die Gegner des Willensdogmas schließlich doch noch die Kraft schöpfen, um es auf demselben Felde zu vernichten, aus dem es herausgewachsen ist.

Der Verfasser glaubt, seine Zuversicht in den unvermeidlichen Sieg der von ihm verfochtenen Sache nicht besser bekunden zu können, als wenn er für ihre Vorkämpfer jede Hülfe der Gesetzgebung ablehnt. Wann der Sieg erreicht werden wird, mag zweifelhaft sein. Je später er aber eintreten wird, desto gründlicher wird er sein. Jede Ueberstürzung würde ihn nur aufhalten oder zu einem ungenügenden machen.

II. Der Werth des Entwurfs im Ganzen.

§ 25.

Der Verfasser hat die Irrthumslehre des Entwurfs hart angefochten. Um so mehr fühlt er sich veranlaßt, zum Schlusse hervorzuheben, daß er das Gesetzeswerk als Ganzes keineswegs mißbilligt.

Er glaubt es, — soweit dies in der Frist seit seinem Erscheinen möglich war, — ziemlich genau kennen gelernt zu haben, da er es sogleich in seine Pandektenvorlesung verwoben und sich davon überzeugt hat, daß sich danach das Privatrecht recht gut lehren läßt. Auch in der neueren Litteratur über das Werk hat er sich bemüht, die beachtenswerthen Einwendungen von den grundlosen zu unterscheiden.

Um nicht gegen die Verfasser des Entwurfs ungerecht zu sein, muß man die beiden Fragen unterscheiden: Was ist wünschenswerth, und was ist erreichbar?

Daß der Entwurf für jeden selbständig denkenden Juristen vielfach sehr weit hinter demjenigen zurückbleibt, was er sich wünscht, ist ein unvermeidlicher Uebelstand. Der Entwurf kann nur dem Durchschnitte seiner Zeit genügen sollen, nicht denjenigen, welche in der einen oder in der andern Frage weiter sehen als dieser. Daß auch sie zum Wohle des Vaterlandes sich Gehör zu verschaffen suchen, ist nicht mehr als billig, aber sie dürfen sich nicht darüber beklagen, wenn sie es nicht finden.

Der herrschenden Strömung zu unterliegen, wird stets das Loos derer sein, welche durch besondere Arbeiten sich eine besondere Einsicht erkämpft haben.

Es sollte daher, strenge genommen, jeder Kritiker nur fragen, ob der Entwurf schlechter ist als dasjenige, was er verdrängt, das sind die Gesetz- und Lehrbücher, nach denen bisher gerichtet wird.

Ich glaube, daß diese Frage verneint werden muß. Der Entwurf enthält unter allen Umständen einen Fortschritt trotz der Mängel, die ihm anhaften. Selbst die vom Verfasser angefochtene Irrthumslehre ist zwar von Allem, was er bietet, vielleicht am mindesten gelungen, aber immerhin doch nicht derartig, daß, wenn der Entwurf mit ihr stünde und fiele, ihretwegen sein Wegfall nöthig sein würde.

Daß der Entwurf in stilistischer Hinsicht verbessert werden soll, ist ein tief empfundener Wunsch. Allein selbst wenn dieses Begehren unerfüllt bliebe, ließe sich zur Noth mit ihm auskommen.

Besser freilich würde es sein, wenn man ihn von Männern überarbeiten ließe, welche in der Kunst, allgemeine Erörterungen in angemessene Worte zu kleiden, bewährt sind, Anschaulichkeit der Ausdrucksweise, Leichtigkeit der Satzbildung und Feinfühligkeit für den Wohllaut der Sprache bewiesen haben, also diejenigen Eigenschaften, welche an dem Entwurfe in minder hohem Grade zu finden sind.[178])

---

[178]) Daß sich in dieser Hinsicht von geübter Hand mit Leichtigkeit Verbesserun-

Unter allen Umständen aber müßte das Werk in die Hände eines bewährten Anordnungskünstlers gerathen; denn, was die gleichmäßige Aufstellung des Stoffs und das Ebenmaß der Theile betrifft, so steht es in manchen Theilen nicht einmal auf der Höhe der besseren Lehrbücher, welche unsere Literatur besitzt.[179]) Dieser Uebelstand würde aber in sehr kurzer Zeit von jedem Sachverständigen beseitigt werden können.

Sollte der Inhalt revidirt werden, so müßte dies durch neue Kräfte geschehen, welche dabei nicht Richter in ihrer eigenen Sache sein würden.

Daß der Entwurf zu römisch ist, scheint dem Verfasser kein Fehler. Römisch und romanistisch sind ihm zweierlei; ebenso wie „germanistisch" und „germanisch" sich nicht immer decken. Unter Romanismus versteht man die silbenstechende, überaus unrömische Art, in welcher man in früherer Zeit die lateinischen Rechtsquellen behandelt hat. Der Römer ist ein Künstler des schlichten, natürlichen Denkens, der Romanist aber nur allzu oft ein dialektischer Virtuose. Spuren dieses Virtuosenthums zeigen sich freilich auch in dem neuen Werke, so z. B., wie wir sahen, auch in der Irrthumslehre. Allein wie sollte es anders sein, solange die Ausartungen der „romanistischen" Methode in der Juristenwelt, aus der und für die das Gesetzbuch geschrieben werden mußte, noch nicht völlig überwunden worden sind?

An Volksthümlichkeit der Ausdrucksweise läßt es das Werk allerdings durchweg fehlen, aber auch dies ist nur die unvermeidliche Folge des Zeitgeistes. Unsere Wissenschaft, die germanistische wie die romanistische, bewegen sich nicht immer in volksthümlicher Denk- und Redeweise, folgeweise kann es auch die Gesetzgebung nicht thun. Nicht ein Kampf Deutschlands wider Rom thut uns Noth, um zu besseren Rechtszuständen zu gelangen, sondern eine größere Berücksichtigung des lebendigen Volkswohls gegenüber der lebensunkundigen Stubengelehrsamkeit, und zwar der germanistischen nicht minder als der romanistischen. Darüber sind auch wohl Alle einig; um aber in dieser Richtung an das Ziel zu gelangen, bedarf es noch einer längeren Entwickelung. Daß schon die Verfasser des Entwurfes an diesen Endpunkt unseres Strebens, welchen vielleicht erst die Enkel des lebenden Geschlechts erreichen werden, gelangen sollten, konnte nicht von ihnen verlangt werden. Sie haben genug gethan, indem sie den Ablauf dieser unabsehbaren Bewegung wenigstens

---

gen anbringen lassen, beweisen die Gegenvorschläge von Zitelmann, Die Rechtsgeschäfte im Entwurf, Berlin, Guttentag, 1889, S. 161 ff.

[179]) Vgl. namentlich die Unterabtheilungen des ersten und des fünften Buchs.

nicht mehr, als nöthig war, verzögerten. Gut Ding muß Weile haben. Noch lange Zeit muß das Schiff der Rechtswissenschaft in der erwünschten Richtung steuern, und auf dem Boden eines neuen, einheitlichen Gesetzbuches wird es besser diesen Kurs innehalten können, als in dem alten Wirrwarr, in dessen zahllosen Schlupfwinkeln Spitzfindigkeit und Wortklauberei ihren Lieblingssitz haben.[180]) Was uns schon jetzt eint, ist die deutsche Rechtswissenschaft, und sie wird auch in Zukunft die Ansichten der Juristenwelt nicht durch Zweideutigkeiten des Gesetzbuches auseinandersprengen lassen.

Darum meint der Verfasser, daß der Entwurf zum Gesetze erhoben werden soll; am liebsten in verbesserter Gestalt, aber im Nothfalle auch ohne eine solche; am liebsten ohne eine ausdrückliche Anerkennung des Willensdogmas, schlimmsten Falls aber auch mit ihr.[181]) Ueber lang oder kurz muß dieses Dogma doch zu Grunde gehen, und seine Gegner werden auch unter der Herrschaft des neuen Gesetzbuchs im Streite nicht erlahmen.

Zu guter Letzt möchte sich der Verfasser noch gegen den Verdacht verwahren, als ob seine Bekämpfung des Willensdogmas einen Vorwurf gegen die Hersteller des Entwurfs enthalten sollte. Diese konnten wohl nichts Anderes thun, als diese unhaltbare Lehre vorläufig anzunehmen. Die Wissenschaft ist eben eine Größe, deren Inhalt unausgesetzten Aenderungen unterworfen ist. Als der „allgemeine Theil" des Entwurfs endgültig festgesetzt wurde, stand, wenigstens in der Theorie, auf deren Beihülfe der Gesetzgeber hinsichtlich seiner allgemeinen Formeln angewiesen war, das Willensdogma unangefochten da. Der Protest Bähr's ging, wie wir oben sahen, damals noch zu weit und konnte nicht beachtet werden, entbehrte auch der Begründung aus den Quellen. Gerade erst in den letzten Jahren seit jener Zeit ist eine lebhafte Bewegung in der Vertragslehre entstanden. Der Inhalt dieser Bewegung konnte bei der

---

[180]) Bähr, Krit. V.J.Schr. Bd. 31 S. 371, sieht viel zu schwarz und beurtheilt namentlich die Literatur des Civilprocesses viel zu streng. Soweit unsere Wissenschaft noch an Verworrenheit leidet, wird sie sich schließlich doch zur Klarheit durcharbeiten müssen. Der Zug unserer Zeit strebt nach Deutlichkeit, Anschaulichkeit und Gemeinfaßlichkeit. Von ihm wird auch unsere Rechtslehre von Tage zu Tage im besten Sinne mehr und mehr erfaßt, und gerade deshalb darf ihm auch das neue Gesetzbuch anvertraut werden.

[181]) Vgl. auch Bekker, System und Sprache des Entwurfs, Berlin u. Leipzig 1888, S. 82, v. Liszt, die Grenzgebiete zwischen Privatrecht und Strafrecht, Berlin u. Leipzig 1889, S. 45.

ersten Lesung nicht mehr beachtet werden, da sie zum größten Theile erst nach dem Actenschlusse sich ereignete. Jetzt, in zweiter Instanz, muß man zu ihren Gunsten ein beneficium novorum in Anspruch nehmen.

Jedenfalls können die Gegner des Willensdogmas in dem Vertrauen auf die Lebenskraft ihrer Lehre jeder, auch einer ungünstigen Entscheidung in der großen Proceßsache „Einzelwille contra Verkehrsgebrauch" mit Ruhe entgegensehen.

Druck von Leonhard Simion in Berlin SW.

MIX
Papier | Fördert gute Waldnutzung
FSC® C083411

Kolibri 360 GmbH
Ferdinand-Jühlke-Straße 7
99095 Erfurt, Deutschland
produktsicherheit@kolibri360.de